直感を論理的な
意見にする授業

思いつきって、どうしたら「自分の考え」になるの

深沢 真太郎
Shintaro Fukasawa

日本実業出版社

はじめに ――あなたは職場で「自分の意見」を言えていますか？――

言いたいことはあるのに表現できない

自分の意見が言えない。

言いたいことはあるのに、それをどう形にして伝えたらよいかわからない。

きっとあなたも、このようなことで悩んだ経験があるはずです。自分の思っていることを表現できない。相手にわかってもらえない。これほど悲しいことはないと私は思います。

例えば、こんなシチュエーションを想像してみましょう。あるビジネスパーソンが直属の上司から「あなたの意見は？」と尋ねられる場面です。

上司「A社とB社、どちらと契約したほうがいいと思う？」

部下「そうですね……すみません、ちょっとうまくまとまっていなくて」

上司「おいおい、自分の意見くらい、はっきり言えなくてどうするんだよ」

部下「はい……何となく思っていることでもいいですか？」
上司「ああ、いいよ。言ってごらん」
部下「今回の取引はA社ではなくB社のほうがいい気がします」
上司「ほう。何で？」
部下「あ、えっと……私としてはB社のほうが魅力的でして……」
上司「その根拠は？」
部下「……」

いかがでしょうか。うまくまとまっていない。何となく思っていることでもよい。そう前置きがあるにもかかわらず、上司は部下に根拠を求めてきました。この部下もちょっと可哀想な気がしますが、一方でこのような対話はおそらく今日も日本のどこかで、いいえ世界中で生まれているのではないでしょうか。

ここで重要なことは、この部下には「自分が言いたいこと」があるということです。しかし、それをどう伝えたらよいかがわからない。中途半端に何かを言っても、「何で？」「どういうこと？」「根拠は？」と突っ込まれ、それに答えることができず恥ずかしい思いをする。だから、自分の意見を言うことに躊躇してしまう。自分の意見が言えないという悩みには、そんなメカニズムがあるように思います。

「自分の意見が言えない」ことの本質

繰り返しですが、自分の意見が言えないという悩みは自分の主張がないからではなく、何となく思っていることや直感的に感じたことを自分の意見として表現するスキルが足りないからです。そのスキルとは具体的に何かを説明します。

「根拠をつくるスキル」です。

一般論ですが、自分の意見があることと自分の意見が言えることは違います。例えば、前述した対話のように「今回の取引はA社ではなくB社のほうがいい」と思っていたとします。しかし、その内容に対して自分自身が納得できる根拠がないと、それを実際に意見として言うことにためらいが生まれます。一方、もし根拠があれば、ためらうことなく自信を持って第三者にも意見として言えるのではないでしょうか。

主張Aがある ⇩ 自分自身が納得できる根拠Bがある ⇩ Bを拠り所として、Aを自分の意見として言える

ここで重要なのは、Bは自分自身が納得できる根拠であることです。なぜなら、あなた自身が「なるほど」「確かに」「これは正しそうだ」と思えない主張は、自信を持って相手に伝えることができません。その自信のなさが相手に伝わってしまい、あなたが期待する結果から遠ざかってしまいます。根拠とは相手が納得できるかどうか以前に、まずはあなた自身が納得できるものでないと意味がありません。

つまり、冒頭のような悩みを持つ人が身につけるべきスキルは、たった1つしかありません。自分自身が納得できる根拠をつくるスキルです。

ビジネス数学教育家が提案できること

著者の深沢真太郎です。数字に強く論理的な人を育成する「ビジネス数学」を提唱する教育者であり、企業の人材育成やビジネスパーソンのスキルアップに役立つコンテンツを開発しています。

「どうすれば人は根拠を自分で用意することができるようになるか」という問いを自分自身に投げかけてみました。なかなかの難問です。一方で、難問ほど解き明かそうと魂が燃えるのも、この分野の人間の特徴です。このテーマを深く深く思考することにより、ある結論を得ることができました。

「根拠をつくる」とは、数学とほぼ同じ行為である。

ちょっと何を言っているかわからないですよね。あなたがかつて学校で学んだ数学とはおそらく問題が与えられ、計算などを駆使して（教えてもらった解き方で）正解を導くことで評価される教科だったはずです。

- 因数分解しなさい
- 方程式を解きなさい
- 図形の面積を求めなさい

これらすべて、教えてもらった解き方で正解を導く行為と言えます。しかし（驚かないでくださいね)、実はこれは数学をしているとは言えません。はっきり申し上げますと、これは数学ではないのです。

数学とは、ある主張をし、それを分析し、その主張が正しいと根拠を揃えて説明する学問です。あなたにも馴染みのある例を挙げるなら、「○○であることを証明せよ」といった類の問題がまさに数学です。ですから、**数学において唯一の成功とは、根拠を揃えて誰もが納得する証明ができたときなのです。**

つまり、私がビジネスパーソンに指導しているビジネス数学とは、日々の生活や仕事のさまざまな場面において役立つ、根拠のつくり方を身につけるためのものでもあります。そしてそれは、多くのビジネスパーソンが持つ「自分の意見が言えない」という悩みの解決に直結するのです。

「根拠のつくり方」を身につけたある人物の物語

あなたは本書を読んでいただくことで、自信を持って自分の意見を言うための「根拠のつくり方」が身につきます。それはとても数学的な動作であり、そしてあなたを次のように変えてくれるでしょう。

- 何となく思っていることを自分の意見という形に変えることができる
- 自分が言いたいことを整理してわかりやすく伝えることができる
- 直感的に思ったことでも根拠を揃えて論理的かつ正しそうに説明できる

いかがでしょう。もし本当にこれらが叶うなら、あなたのいま抱えている悲しみや苦しみを消し去ることができるかもしれない。そうは思いませんか。

実はこの「根拠のつくり方」を身につけたことで、これまでは見えなかった新しい景色を見ることができた人物がいます。本書はまさにその人物が登場し、そのビフォーとアフターを余すところなく描いた物語になっています。

その人物は「職場で自分の意見がうまく言えない」と悩んでいる若きビジネスパーソン。さまざまな人たちと言葉を交わしていくことで大切なことを学んでいきます。

この物語は、あなたの物語です。そして、著者である私からあなたへのラブレターでもあります。ぜひ受け取ってください。

２０２３年初秋

深沢真太郎

目次

思いつきって、どうしたら「自分の考え」になるの？

はじめに——あなたは職場で「自分の意見」を言えていますか？——

序章

自分の考えをうまく伝えられない

1 「根拠は？」と聞かないで……16
2 そもそも根拠って、どうやってつくるの？……24

第1章

図解
～「意見を言う」を視覚化する～

1 ある数学者との出会い …… 28
2 数学とは説明である …… 35
3 論理とは〝道〟である …… 43
4 論理を図にした「1－3－2」 …… 49
5 「私の意見は○○です」を図解にしてみた …… 57
6 オッカムの剃刀 …… 64
COLUMN 1 数学と言語化スキル …… 72

第2章 前提 ～言葉と立場を定義せよ～

1 「言葉の定義」という作法 …… 74
2 なぜ「前提」にこだわるのか …… 84

3 「立場の定義」という視点 …… 88
4 「いったん認めることができる意見」とは …… 93
5 (言葉の定義)×(立場の定義)=(いったん認められる意見) …… 101
6 不安を取り除く ⇩ 自信が持てる …… 108
7 なぜあなたは意見を求められるのか …… 113
COLUMN 2 前提を確認できない現代人 …… 118

第3章 裏付け ～根拠とは比較である～

1 「ラスボス」を攻略せよ …… 120
2 「比較」なくしてビジネスの会話はできない …… 128
3 「カネ・ジカン・ヒト」という数値 …… 135
4 「アシスタントを1名採用する」を実現させた話 …… 142

5 3要素に分解するトレーニング……148
6 「DX」〜何でもデータで残る時代に必要なこと〜……156
7 「実演」がもたらすもの……162
COLUMN 3 「比べること」について……168

感慨
〜「エモい数値」とは何か〜

1 センスは論理を超えるか……170
2 「GHP」という発想……177
3 「エモい数値」の正体……187
4 なぜ経営層にはカネで説明すべきなのか……194
5 「その人の仕事は何か？」というシンプルすぎる問い……201

6 言葉が好きな人には、必ず好きな言葉がある……205
7 人は「正しい意見」を受け入れない……211
COLUMN 4 体温のある数値……216

第5章 例
～「異なるけれど同じもの」を使う瞬間～

1 センスだけでは限界がある……218
2 「最後の塊」の意味……223
3 アンリ・ポアンカレの言葉……230
4 「コンビニ＝野球」が成り立つ理由……235
5 構造化思考を鍛える……240
6 「例えば」という言葉をどれだけ使えるか……252

7 意見の内容よりも大切なこと …… 258
COLUMN5 具体的と抽象的のあいだ …… 266

第6章 希望
~実践した人だけに見える景色~

1 明日、少しだけお時間をもらえませんか? …… 268
2 こうやって「自分の意見」は完成する …… 272
3 「根拠は?」と質問してほしい …… 284
4 1年後の再会 …… 295

カバーデザイン　沢田幸平(happeace)
イラスト　水谷慶大
本文デザイン・DTP　初見弘一

Characters

登場人物紹介

井上直史（いのうえなおふみ）

商品企画部 部長

上司

部下

久保進士（くぼしんじ）(26歳)

商品企画部に所属し、スイーツを担当。数字や論理は苦手。思ったことをうまく伝えられずモヤモヤしている。

駒田恵子（こまだけいこ）(70歳)

数学者であり、軽井沢にあるcafé geometry(ジオメトリー)の店員。おしゃべり好きで研究熱心。

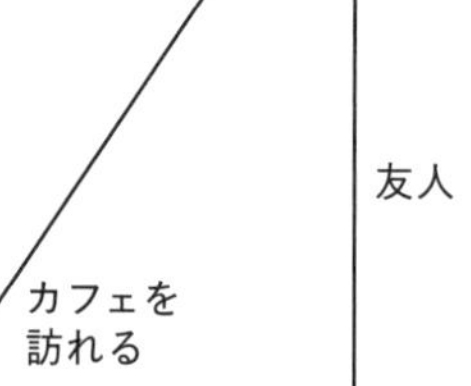

数的思考をレクチャー

恋人

カフェを訪れる

友人

後藤マヤ（ごとう）

マーケティング会社勤務

落合一真（おちあいかずま）

エンジニア部門管理職

カルロス立花（たちばな）

音楽プロデューサー

自分の考えを うまく伝えられない

……そもそも、自分の考えって
どうやって伝えたら
いいんだよ

「根拠は？」と聞かないで

〝イケそうな気がします〟という言葉

「で、久保の意見は？」

「そうですね……正しいかどうかわからないですけど……」

「いいから言ってみて」

「この商品は、どちらかと言うと、若い女性にウケそうな気がします」

「根拠は？」

「そう聞かれると困ってしまうんですが……」

また、いつもの対話が始まりました。

久保進士（くぼ・しんじ）の仕事はコンビニの商品企画です。いまは主にスイーツを担当し新製品のアイデアを出すことが求められています。26歳という年齢は部門内では最年少であり、職場では期待の若手として扱われています。

「……」

「若い女性にならイケそうな気がします、としか言いようが……」

進士はプライベートでは明るいほうで、人付き合いにはそれほど困っていないタイプです。学生時代はテニスサークルに所属。2年時には先輩から来年のキャプテンを務めてもらえないかと打診されましたが、「アルバイトが忙しいから」とそれを断りました。しかし、本当の理由は「リーダーになる自信がないから」「面倒くさいことはできるだけ避けたいから」でした。

社会人になってからも、仕事ではとにかく目立つことを避けるようにしてきました。デキない人だと思われるのはもちろん避けたいけれど、デキる人だと思われたいわけではない。むしろ、下手に活躍したり目立ったりして同期や先輩の反感を買うくらいなら、「そこそこ」「ほどほど」な人生が自分には合っている。常にそう思いながら自分の発言や振る舞いを決めてきました。いわゆる出世にもまったく興味がありません。

「久保の口癖だな。〝これはイケそう〟とか〝今年はこれが来ると思います〟みたいな言葉」

対話の相手は井上直史（いのうえ・なおふみ）。進士が所属する部署の部長であり、これまで数多くのヒット商品を開発してきた敏腕です。

2人は職場の会議室でミーティングをしていました。リモートワークを推奨する会社ではありますが、重要な意見交換や意思決定の場はできるだけ直接対話をすることが井上の方針でもあります。

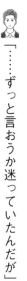

「……ずっと言おうか迷っていたんだが」

「はい」

「ビジネスでは自分の考えを論理的に説得力ある内容で説明できないと仕事にならないと思うぞ」

井上の冷たい正論に進士は黙り込みます。人間関係を築くのがうまい進士も、この井上とのコミュニケーションにはずっと苦手意識を感じています。

「井上さんの言う通りだと思います。自分でもわかっています」

「失礼なことを言うかもしれないが……久保には自分の意見というものがないんじゃないか？　実は何も考えていないんじゃないか？」

「そんなことはありません。自分の考えはちゃんとあるんです！」

「俺は、自分の意見が言えないケースには2種類あると思っている。まず1つは、『実は自分の考えを何も持っていないケース』。ないものを言えるわけがないので当然だな。もう1つは、『意見はあるが、それを相手にうまく伝えることができないケース』。前者なのであれば、そもそも普段から何も考えていない人間ということになる。だが、後者なのであれば言語化する能力の欠如という結論になる」

井上はペンを手に取り、会議室のホワイトボードにその2つのケースを素早く書き込みます（次ページ図）。

■「意見が言えない」２つのケース

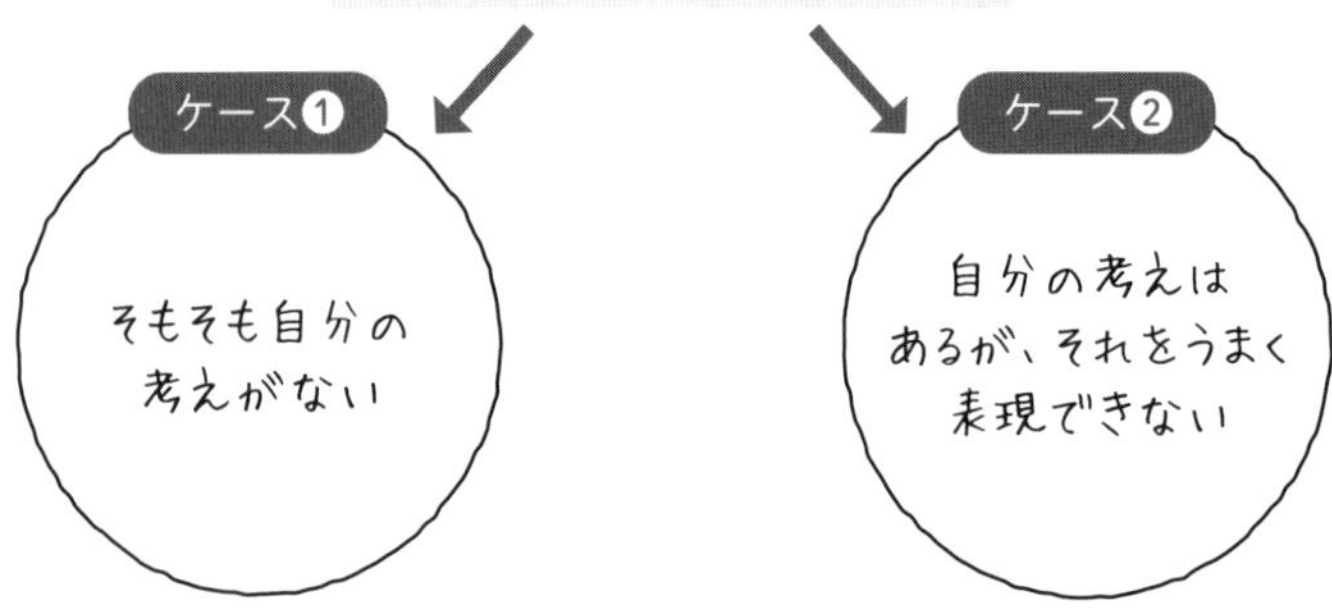
意見が言えない
ケース❶
そもそも自分の
考えがない
ケース❷
自分の考えは
あるが、それをうまく
表現できない

　進士がずっとコンプレックスに感じていたことを井上は見事に指摘してきました。プライベートでは「根拠は？」「なぜ？」といった質問をされることはあまりありません。だから自分の考えを、正しいか間違っているかを気にすることなく、気軽に表現できます。

　しかし、仕事の場面においては、いちいち相手から「根拠は？」「なぜ？」といった質問をされます。自分の意見が正しいか間違っているのかも常に気にしなければならず、そのときの直感で自由に発言することができません。

　いつからか進士にはビジネスコミュニケーションがとても鬱陶しいものになっていました。

ずっと言えなかった本音

「もちろん、後者です！　考えていることや感じていることはもちろんあります。ただ、自分の考えに自信が持てないというか……」

「少し俺の話をさせてもらうが、俺は若い頃から先輩にも臆することなく自分の意見をはっきり主張してきた。自分の意見を言えないようなヤツは仕事で成果など出せるわけがない。はっきり意見を言うからこそ責任感も生まれ、結果としてそれが行動力につながり、成果に結びつくもの。そう思っていたし、同期には絶対に負けたくないと思って努力もしてきたつもりだ」

「……」

「久保に俺と同じ考え方で仕事をしろと言いたいわけじゃない。ただ、いまのままだと〝久保はちゃんと考えていないヤツ〟と思われても文句は言えないんじゃないか。……でも、それって悲しいこと、いや悔しいことだよな」

「……はい」

「ひょっとすると、久保は俺からの〝何で？〟とか〝根拠は？〟というツッコミが怖い……そうじゃないか？」

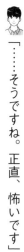

「……そうですね。正直、怖いです」

井上が小さく頷き、その表情が少しだけ緩みました。それがスイッチとなり、進士はいままで誰にも言えなかったこのコンプレックスについて、正直に井上に話しました。井上はそれをただ頷いて聞いています。進士が話し終わると井上は椅子から腰を上げました。

「今日のミーティングは週明けにでも仕切り直そう。スケジュールは任せる」

「わかりました」

「久保は俺と違って出世とか同期の活躍とかに興味はないかもしれない。それはそれで構わない。ただ、自分の意見を相手にわかるように説明できないとか根拠を求められると困るというそのウイークポイントは、この先ずっと久保を苦しめることになる。大きなお世話かもしれないが、これだけは間違いない」

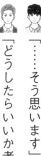

「……そう思います」

「どうしたらいいか考えてみたら？　久保にとって大事なことかもしれないから」

「……はい」

井上が会議室を出ようと歩き始めます。1人になりたかった進士は、しばらくこの部屋に残ろうと思っていました。すると扉に向かっていた井上が振り返り、声をかけます。

「1つ、言い忘れた」

「?」

「一般論として聞いてほしいんだが……」

「はい」

「人は誰しも自分の考えが伝わらないのは悲しい。でも、もしかしたら相手もそれを理解したいと思っているかもしれない。何が言いたいのか、何をどう思っているのか、知りたいと思っているかもしれない」

「……」

「伝えられない苦しさがあるように、理解してあげられない切なさもあることを忘れないでくれ」

「……?」

そもそも根拠って、どうやってつくるの？

進士のひとりごと

会議室に1人残った進士は、井上が書き残したホワイトボードの文字を改めて読み返します。井上の言ったように、「なぜ？」や「根拠は？」といったツッコミが進士はとても苦手です。

進士の頭の中でふと、プライベートで自分がよく話している言葉が蘇ります。

「人間の直感や考えに何でも根拠があるわけじゃない。いちいちそんな面倒なことを考えず、そのとき思ったことや感じたことをそのまま言えばいいんだよ。そもそも人間なんて論理的な生き物じゃないし、直感的に生きているじゃないか。俺は〝何で？〟や〝根拠は？〟とか尋ねてくるタイプは嫌いなんだよね」

その会話の相手は、たいてい付き合って1年になる、後藤マヤ（ごとう・まや）です。2歳年下の24歳で、いまはマーケティング会社に勤務しています。学生時代はデータサイエンスを学び理系の知識も豊富。出世意欲もあり、いつかは起業したいと思っている意識の高い女性です。進士とは真逆のタイプゆえに、互いに惹かれあう形で交際に発展しました。

「でもさ、プライベートではそれでもいいけど……仕事では困ることもあるんじゃないかなぁ。ウチの会社では根拠のない話なんて誰も聞いてくれないよ。『私の直感です』なんて意見を言ったら笑われちゃうのがオチだし」

その言葉に対して進士はいつも「マヤの業界とこっちとは違うんだよ」という苦し紛れの言葉で取り繕っています。しかし、進士も自分自身でよくわかっていました。とりわけビジネスコミュニケーションでは根拠のない話など聞いてもらえないこと。根拠を用意できないので自信を持って自分の意見を伝えられないこと。それが相手には「何も考えていないヤツ」に見えてしまうこと。先ほどの井上との対話でそれが改めてわかりました。

「……そもそも、自分の考えってどうやって伝えたらいいんだよ」

進士は思わずひとりごとを呟きます。すると次の瞬間、スマートフォンが鳴りました。メッセージが届いたときに鳴る、わずか1秒ほどの軽快な音。メッセージはマヤからでした。

「明日からの旅行、予定通り10時待ち合わせでいい？」

2人は週末に一泊旅行をする計画を立てていました。場所は長野県の軽井沢。初夏という季節もその理由の1つですが、東京を拠点にしながらも自然が大好きな2人にとって、距離的にも環境的にも軽井沢はちょうどいい場所というのが共通の認識。今回でもう3度目の旅になります。

「ＯＫ！　車で迎えに行くよ。今回は行ったことのないエリアに行ってみようか」

そう返事をして、スマートフォンを閉じます。少しだけ傷ついた心を忘れるために、この旅行はちょうどよいタイミングかもしれません。井上との対話はいったん忘れて、この週末は思いっきり楽しむことにしよう。進士はそう思うことにしました。

第 1 章

図 解
～「意見を言う」を視覚化する～

質の高いものほど、
その姿は美しいの

ある数学者との出会い

幾何学的なカフェ

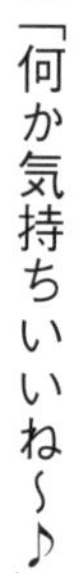

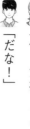

「何か気持ちいいね〜♪」

「だな!」

進士とマヤは初夏の軽井沢でサイクリングを楽しんでいました。天気にも恵まれ、新緑の中を2台の自転車が駆け抜けて行きます。

サイクリングをスタートしてから1時間。森の中にある小道を走っていると、小さなカフェと思わしき建物が2人の目に入りました。白黒を基調にしたモダンな外観。店構えはとても小さく、窓ガラス越しにうっすらと女性の店員らしき人の姿を確認できます。看板を見ると「café geometry」と書いてありました。

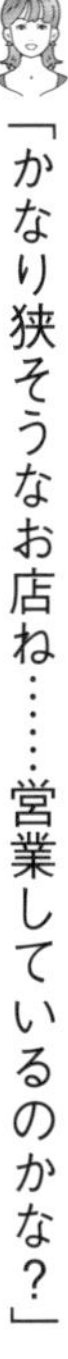

「かなり狭そうなお店ね……営業しているのかな？」

「喉乾いたから、ちょっと休憩しないか？」

「うん。あ、私ちょっと行きたいところがあるの。この先に可愛い雑貨屋さんがあるはずなんだ。少しだけ覗いてきてもいい？　終わったら、このお店に戻ってくるから」

「わかった。気をつけて」

進士は自転車で走るマヤを見送ってから、おそるおそる店の扉を開きました。思った以上に狭い店内には２つのテーブルがあり、それぞれ４人まで座れる小さめのソファが置かれています。店員らしき小柄な年配女性がニッコリと笑い、優しいながらも男性的な力強さのある声で話しかけます。

「いらっしゃいませ。お店の中、狭いけれどいいかしら？」

「あ、はい」

進士は店内の奥にあるテーブルに案内されます。その小柄な女性は、ほぼ真っ白なショートヘアに洗練されたデザインの大きな黒縁メガネをかけています。明らかにいい生地を使っているとわかる白いＴシャツに黒のロングスカート。靴は若者が履いていそうな赤いスニーカー。たまにファッション系の動画やＳＮＳを覗き見る進士の第一印象は、「センスがいいおばちゃん」でした。

「こんにちは。何になさいますか？」

「えっと、じゃあアイスコーヒーをお願いします」

改めて店内を眺めてみると、こちらも白黒を基調としてスッキリした印象です。壁にはほとんど何も飾られておらず、一方で床のタイルは三角形が隙間なくびっしり並んだようなデザイン。おそらくリノベーションしたのだろうと進士は思いました。

「ガムシロップとミルクは要るかしら？」

「あ、お願いします」

「このお店どう？　ちょっと変わった空間で素敵でしょ？？」

「え……あ、はい。何ていうか、キレイで無駄がない感じですかね」

店員の女性がアイスコーヒーをテーブルに置き、ニッコリと笑います。進士は彼女との短いやりとりの中で、「話好きなおばちゃん」なのかなと思いました。

「このお店の名前でもある〝geometry（ジオメトリー）〟って〝幾何学〟って意味なの。幾何学ってわかるかしら？」

「キカガク……すみません、ちょっとわからないです」

店員は再びニッコリ笑い、自分から勝手に自己紹介をし始めました。名前は駒田恵子（こまだ・けいこ）。昨年まで大学で数学の研究と教育に従事する数学者でしたが、70歳という年齢を節目に大学の職を辞し、いわゆる第一線を引退したばかりとのことです。

数学のイメージは？

「す、数学者さん？（驚）」

「ええ。若い頃はとても数学者には見えないってよく言われたものよ。世の中のイメージは研究室にこもって黒板に数式を書いている小汚い格好をしたおじさんみたいな感じでしょ？（笑） 私は研究室にいるのはあまり好きじゃなかったからしょっちゅう旅行したり、世界中の美術館や世界遺産をめぐったり、大学のゼミ生たちと遊び回ったりしていたわ。ただの元気なおばさんって感じかしら。あ、もう70歳だからおばあさんか。ああやだやだ……」

「すごくお若く見えます」

「よく言われるわ。いっそ白髪染めとかしちゃおうかしら。うふふ」

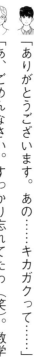

こういうときに〝そんなことないですよ〟と言わない恵子に進士は好感を持ちました。その話し方はかなり早口ですが、とても快活でエネルギッシュな感じがします。進士も簡単に自己紹介をしました。

「コンビニの商品企画のお仕事なのね。私もよくそのコンビニを利用するわよ。何でも美味しいわよね。特に……何だっけあれ……ああ名前が出てこない。まあいいわ。とにかく、いまのコンビニって本当にすごいわよね！」

「ありがとうございます。あの……キカガクって……」

「あ、ごめんなさい。すっかり忘れてたわ（笑）。数学には図形を研究対象とする幾何学という分野があるの。私はそれが専門だったのよ」

進士にとって数学という言葉にはあまりよい印象がありません。中学生の頃から何となく肌に合わない感覚を持っており、高校の途中で授業の内容についていくことができなくなりました。それからまったく勉強をしなくなり、いわゆる理系分野は断念して大学受験に臨んだ経験がありました。恵子が話を続けます。

「実は、このカフェは友人が店主の店なの。でも、ほとんどここにはいなくて、事実上は私がお店を任されている感じ。今日も朝からずっとここに1人でいて話し相手もいないの。こうして話しかけてくださる方がいるとうれしいわ。こう見えておしゃべり好きなのよ、うふふ」

「……なかなかのおしゃべり好きに見えています。すでに」

「あら？」

恵子は大きな口を開けて笑い、進士に「飲み物をどうぞ」のメッセージを込めて右手を差し出します。疲れた身体に冷たい飲み物が染み渡ります。

「進士さんは、数学ってどんなイメージかしら？」

「……正直な気持ちを言って大丈夫ですか？」

「もちろんよ！」

「こんなこと言うのは失礼かもしれませんけど、数学って何が魅力なのかさっぱりわからないです。数学者ってどんな仕事なのかも実はよくわかりません。超文系として生きてきた俺にとって、よくわからないミステリーの1つです」

「うふふ。私そういう正直な人、好きよ。そうね……ひとことで言うのは難しいかもしれないわね。ただ……美しいとは思うかな」

「美しい……ですか？」

「そう。質の高いものほど、その姿は美しいの」

ポカンとしている進士を見て恵子は微笑みます。でも、それは決して進士をバカにしているわけではなく、純粋にこの対話を楽しんでいるように見えます。進士は恵子のことを、ただの「話好きのおばちゃん」ではないな、と感じ始めていました。

数学とは説明である

数学×コミュニケーション

「私はもう数学の研究者という意味では引退しているんだけど、実はいま、とても興味があるテーマがあってね。それを言語化しようかと思っているところなのよ」

「どんなテーマなんですか？　とはいえ、たぶん言われても俺にはわからないと思いますが……」

「人間のコミュニケーション。特にビジネスシーンで行なわれているコミュニケーションかな」

進士の想定していない答えでした。それは数学ではないのではないか。なぜビジネスコミュニケーションに興味を持っているのか。進士は素直な疑問を恵子にぶつけました。

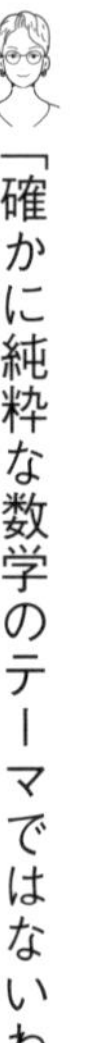

「確かに純粋な数学のテーマではないわね」

「……ですよね」

「でもね、数学って〝根拠を揃えて説明すること〟なのよ。ひとことで言えば、**数学とは説明**なの！」

〝根拠〟という言葉に進士の心が反応しました。上司の井上との対話を嫌でも思い出します。「根拠は？」というツッコミが怖いのは、まさにその〝根拠を揃えて説明すること〟が億劫で苦手だからです。

「数学とは説明……まったくピンとこないんですが（苦笑）。数学って計算したりする勉強でしたよね？」

「……という印象を持った人が圧倒的多数ね。でも実は、それは数学に必要なもののほんの一部でしかないの。そして、それは数学の本当の姿ではない。数学って、物事を論理的に説明することが本質なのよ」

「何かわかるような、わからないような……」

「じゃあ、こういう例はどうかしら。例えば、数学の授業で出てくる三角形に関する公式とか法則みたいなものって、その三角形の特徴を説明したものって考え方もできるんじゃないかしら」

「……それは、ちょっとわかる気がします」

「そういう公式とか法則を見出して、それが正しいことを論理的に説明するところまでが数学。その公式を使って計算して正解を導くことは数学ではなく単なる作業に過ぎないのよ」

「もしかして……数学には証明問題っていうのがありましたよね。あれのことですか？」

「まあ素晴らしい！　その通りよ。とはいえ、いまこの文脈で語られることって中学校や高校の数学の授業ではなかなか教えてくれないことかもしれない。もう少し〝数学を通じて何を身につけるのか〟を教育現場でも伝えてほしいんだけどね」

「……」

「あ、つまらない話をごめんなさい。ついしゃべり過ぎちゃうわ」

確かに進士にとって「数学の話」は少しも興味が持てるものではありません。しかし、どうしても恵子の「数学って〝根拠を揃えて説明すること〟なのよ」という言葉が気になって仕方がありません。もしかしたら、この人物は自分が知りたいことを知っているのではないかと思い始めていました。

「駒田先生、もしよかったら、もう少しお話をしても大丈夫ですか？」

「まあ、私は大歓迎よ♪　ちなみに呼び方は〝先生〟ではなく〝恵子さん〟でどうかしら。そのほうが何となく気分がいいわ！」

「あ、はい。わかりました……恵子さん」

進士に名前を呼ばれ、恵子はその言葉通り、上機嫌の様子です。

3つの理由

「あの……どうして人間のコミュニケーション、特にビジネスシーンで行なわれているコミュニケーションに興味を持ったんですか？」

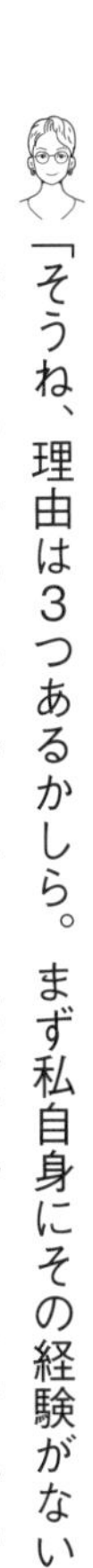

「そうね、理由は3つあるかしら。まず私自身にその経験がないから。大学院を卒業してからずっとアカデミックな世界で生きてきたから、いわゆる一般的なビジネスパーソンの経験はほぼないの。だから、ビジネスコミュニケーションのリアルを知りたいと思って」

「2つ目はなんですか？」

「いわゆるビジネスコミュニケーションって、一般的には根拠が求められる場面が多いんじゃないかと思うの」

「その通りです」

「一方で、数学という学問は根拠のない主張や説明は許されない文化があるの。個人の単なる直感やイメージだけで、それを正しいと認めるわけにはいかない。数字と論理を使いながら、誰もが〝確かにその通りで間違いないね〟と納得する説明ができて初めて認められるの」

「それって、つまりビジネスコミュニケーションと数学には共通点があるってことですか？」

恵子はまたもしわくちゃな笑顔を見せて、「そうよ」と無言で頷きます。

「じゃあ、3つ目は何ですか?」

「人間って、人によってコミュニケーションの仕方が違うでしょ? それは、つまり仕事において説明やプレゼンといった行為の仕方も人それぞれ違うということになるわ」

「そうですね」

「もしそうだとするなら、世の中には美しい説明と美しくない説明というものがあるということになると思うの。普通の人はきっと美しさなんて感性は持っていないでしょうけれど」

「……?」

「さっき私は、〝質の高いものほど、その姿は美しい〟って言ったでしょ?」

「はい」

「これは何事にも言えることだと思っているわ。例えば、説明という行為においても質の高いものとそうでないものがあって、それは私なりの表現をするなら美しい説明と美しくない説明というものがあるということになるの。その差はいったい何なのか、実に興味深い研究対象だなと思っているのよ。もちろん、もう第一線は引退している身だから、あくまで趣味のようなものだけどね」

「それが趣味になるなんてすごいですね。休日に家でYouTubeを観ることが趣味の俺とは大違いです（苦笑）」

進士はそう言いながら、雑貨集めが趣味のマヤのことを思い出しました。無事にお目当ての店に着いているだろうか。早くマヤにこの店に来てほしいと思う一方、目の前にいる自分とはまったく違う存在である、この数学者との対話をまだ続けていたい気持ちもありました。

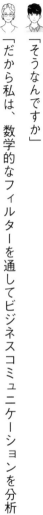

「さらに言うなら、あるメディアの記事がとても気になったのよ。その記事ではいま特に若者のコミュニケーション能力が低下していて、自分から積極的に話をする人が減っていると論じていたわ。ここ数年はゼミで学生を指導している場面でも同様の感覚を持っていて、このことを私もとても懸念していたの」

「そうなんですか」

「だから私は、数学的なフィルターを通してビジネスコミュニケーションを分析し、いずれそれを論文にしたいと思っているの。そのためには若いビジネスパーソンと実際に話をして学ばないといけないと思っているのよ」

「もう引退されているのに、まだ学ぶんですか……すごいですね」

「うふふ。ただ暇なだけよ」

「あの……俺がお役に立てるかはわかりませんが、まだ時間はあるのでよかったらいろいろ聞いてください」

「まあ、うれしいわ！　でも、休憩のお邪魔にならないかしら？」

進士が「大丈夫です」と言い終える前に、恵子は進士よりはるかに大きい声で「じゃあさっそく質問しちゃうわよ！」と言葉を被せました。

ビジネスコミュニケーションに悩むイマドキな若者と、暇を持て余した（？）おしゃべり好きな数学者。年齢はもちろん、生き方や価値観も大きく異なる2人が、1つの答えを求めて対話をスタートさせました。

論理とは〝道〟である

「そもそも」を問う姿勢

「さっそくだけど、いま若者のコミュニケーション能力が低下しているっていうのは、実際のところ本当なの？」

「俺の感覚では、そんなことはないと思います。例えば、いまの会社でも俺よりずっと〝コミュ障〟な先輩やおじさんもたくさんいるし。ただ……」

「ただ？」

進士はこれまで自分が悩んでいたこと、そして上司の井上から指摘されたことを素直に告白し始めます。話しながら、初めて会った相手にもかかわらず自らの恥ずかしい一面を打ち明けている自分に驚いていました。

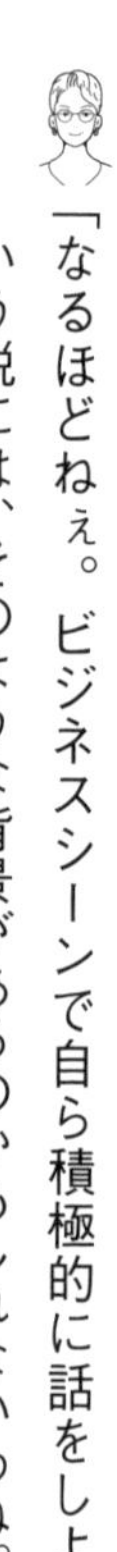

「なるほどねぇ。ビジネスシーンで自ら積極的に話をしようとしない人が多いという説には、そのような背景があるのかもしれないわね。ということは、1つの仮説として、自分の意見のつくり方を身につけることができたら、その問題は解決するってことかしら」

「はい。俺もそうですけど、別に話すことが苦手なわけではないし、意見を言いたくないわけでもないんです。思っていることや言いたいことを〝ちゃんとした意見〟という状態にすることが苦手……なのかもしれません」

恵子は小さく頷きます。進士はテーブルの上にあるアイスコーヒーを喉に流し込みました。

「思っていることや言いたいことを意見という状態にするためには、やっぱり根拠を揃える必要があると思うんです。恵子さんは数学って根拠を揃えて説明することだっておっしゃいましたよね。単刀直入に聞いてみたいんですけど……」

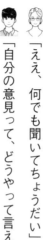

「ええ、何でも聞いてちょうだい」

「自分の意見って、どうやって言えばいいんでしょうか。根拠ってどうやって用意

したらいいですか？」

恵子は軽く微笑み、小さな店内の奥のほうからA４サイズの真っ白な紙とペンを持ってきました。これから何かを書きながら話をするのでしょうか。進士は黙って恵子の次の言葉を待ちます。

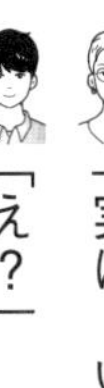

「実に、いい問いね！」

「え？」

「誰もが当たり前のように思っているものや、意外に深く考えてこなかったことをテーマに、そもそものところから真っ直ぐ問う。素晴らしい姿勢よ」

「はぁ」

「ひとことで言うと、根拠は**塊と矢印で用意する**のよ」

「カタマリとヤジルシ……ですか？」

「うふふ。少し長くなってもいいかしら」

進士には「塊と矢印」という言葉の意味がさっぱりわかりません。改めて、目の前にいる数学者は明らかに自分と違う人種だと感じています。しかし、違うからこそ、いままで知らなかったことが知れるチャンスかもしれないとも思っていました。

カタマリとヤジルシ

「ビジネスコミュニケーションと数学の共通点は、〝正〟という字にあると思っているの」

「どういうことですか？」

「**数学は正しいと説明する行為。ビジネスコミュニケーションは正しそうに説明する行為**」

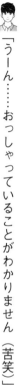

「うーん……おっしゃっていることがわかりません（苦笑）」

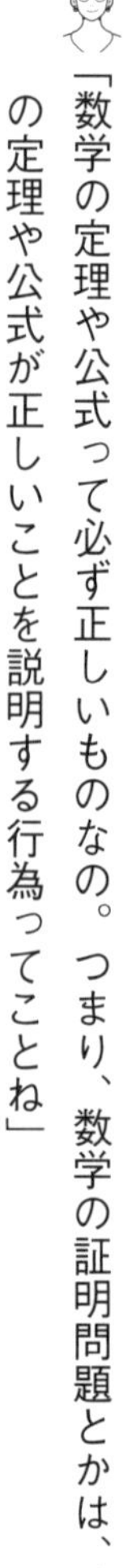

「数学の定理や公式って必ず正しいものなの。つまり、数学の証明問題とかは、その定理や公式が正しいことを説明する行為ってことね」

「なるほど」

「一方で、文脈をビジネスにしたときはどうかしら？　これは進士さんのほうが

■ 数学とビジネスコミュニケーションの共通点は“正”

数学	ビジネス
根拠を揃えて正しいと説明する	根拠を揃えて正しそうに説明する
	まるで数学のように説明する

詳しいと思うけど、絶対に正しいと断言できる正解って存在するのかしら？」

「ゼロではないと思いますが、ほとんどないと思います。ないからビジネスパーソンはみんな仕事で悩むんだと思います」

「そんな正解のない世界でコミュニケーションするとしたら、正しいと説明するのではなく、正しそうに説明する必要があるってことにならないかしら？　ビジネスコミュニケーションは数学の説明をするのではなく、数学のように説明するってことじゃないかと思っているの」

「数学のように説明する……」

恵子はここまでの内容を整理して紙に書いてくれました（上図）。進士はそれをじっと見つめています。

「そして、数学のように説明するために最も必要なものが論理と呼ばれるものよ」

「それって、ロジカルシンキングとかそういうやつですか？　言葉は知っているんですけど……そもそも論理って、何なのでしょうか？」

「簡単に言うと筋道ってことよ。もっと簡単に言うなら、道ってところかしら」

「？？」

「もう少しあとでわかるわ。実はその論理って、塊と矢印で表現できるの」

進士が最も気になっている塊と矢印。いよいよ恵子が、その言葉の意味を話してくれそうです。この状況を冷静に見ると、カフェの客と店員がする雑談としては極めて異質な内容です。しかし、進士にとっては自分の解決したい悩みに関係ある話になるかもしれません。少しだけワクワクした気持ちを落ち着けるかのように、進士はアイスコーヒーを口に運びます。

論理を図にした「1－3－2」

「論理」を図形で表現する

「進士さん、〝図解〟って言葉を聞いたことはあるかしら？」

「はい」

「さっきもお話ししたけれど、私の専門分野は幾何学、つまり図形を研究する分野だったの。だから、とにかく何でも図形で考えたり、絵を描いて表現してみたくなる性分なのよね。でね、実は図解と呼ばれるものはまさに、その論理というものを図形で表現したものなの」

「？」

「その典型的なものがこれよ」

■ 論理を図解で表現したもの

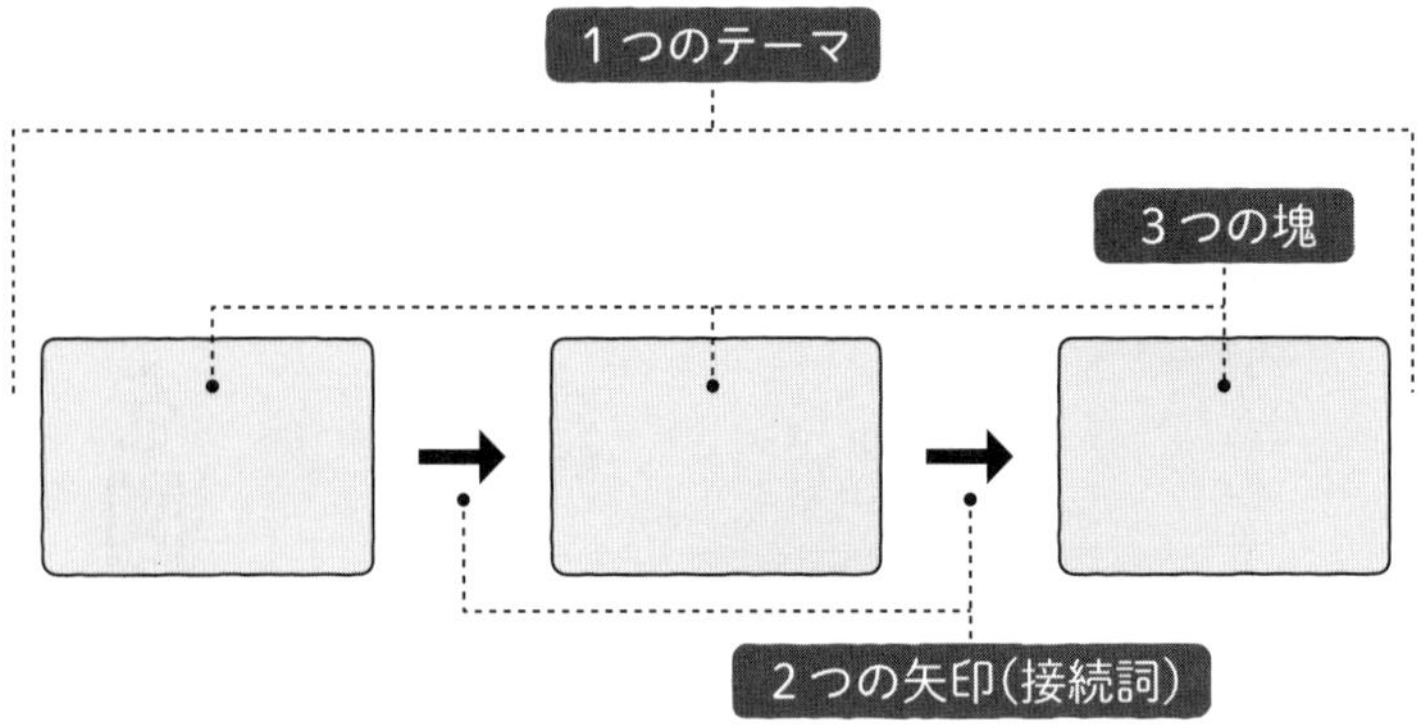

1つのテーマ

3つの塊

2つの矢印(接続詞)

恵子はA4の紙の上にペンを走らせます(上図)。

「1つのテーマを3つの塊と2つの矢印で説明する。私はこれを〝1－3－2〟って呼んでいるの」

「イチサンニ……ですか。これだけだとちょっとピンとこないかもしれません」

「じゃあ、2つほど例を挙げるわね」

恵子は進士がそう言うことがわかっていたかのように、素早くペンを走らせます(次ページ図)。

「例えば、ある数Aが偶数で、さらにある数Bも偶数なら、(A＋B)という数も偶数よね。数学って、このような誰もが当たり前

■ 論理の図解に言葉を入れる

・テーマ：偶数の重要な性質

Aは偶数
さらに
Bは偶数
よって
(A+B)は偶数

・テーマ：カフェに入るお客様の心理的メカニズム

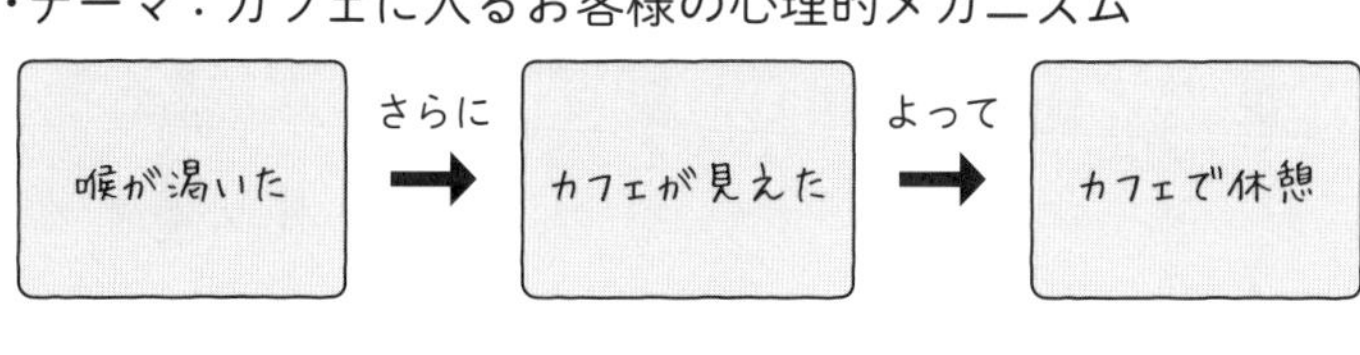
喉が渇いた
さらに
カフェが見えた
よって
カフェで休憩

と思うような主張も、しっかり根拠を揃えて、論理を使って厳密に証明しなければならない作法があるんだけど、いまはそういう面倒な話はナシにするわね」

「はい、助かります（笑）」

「このAとBを使った例はまさに〝1－3－2〟だと思うんだけれどどう？」

「確かに」

「もう1つ例を用意したから見てほしいの。ある人は喉が渇いた。さらに目の前にカフェが見えた。よって、そのカフェで休憩することにした。これも筋が通った行動だし、カフェで休憩したことの根拠が述べられているわ」

進士はすぐに自分のことを表現していると気づ

き、恵子に向けて微笑みを返します。

「進士さん、道路案内標識には矢印がたくさん使われているじゃない？」

「え？　唐突ですね……まあそうですね」

「つまり、矢印というものは道を示すためのものなの」

その言葉を聞いた瞬間、進士の中で**つながるもの**がありました。先ほど恵子が「筋が通った行動」という表現をしたこと。論理のことを筋道、もっと簡単に言うなら、それは道であると説明したこと。これら別々の点が線でつながる感覚がありました。

「だから論理は〝道〟なんですね」

「まあ、素晴らしいわ！　感じ取れたのね‼」

恵子は笑顔で拍手をして見せます。進士はそんな恵子に対して「大袈裟だよ……」と思いつつ、軽くお辞儀で返事をします。

「Q.E.D」

「え？」

「あ、ごめんなさい。Q.E.DはラテンQuod Erat Demonstrandum（かく示された）が略されてできた頭字語のこと。〝以上で証明を終わります〟みたいなときに使う言葉。論理的に正しいと納得できた、点と線がつながって理解できた、みたいな意味かしら。つい私も口癖になってしまっているわ、うふふ」

進士にとってはあまり興味のない話ですが、とりあえず相槌だけはしておき、ある疑問を恵子に投げかけることにします。

数学で使う言葉はビジネスでも使う

「恵子さん、ちなみに矢印のところに書かれている〝さらに〟とか〝よって〟は、必ずこれなんですか？　それとも、どんな接続詞が入るかはケースバイケースってことですか？　接続詞って、〝次に〟とか〝一方で〟とかもありますよね」

「ええ。今回の例はたまたま〝さらに〟と〝よって〟だったけれど、ほかの接続詞が入ることもあるわね。実は数学でもよく使う接続詞ってあるのよ」

恵子は再び紙を手に取り、スラスラと何かを書き込んでいきます（次ページ図）。

「あくまで代表的なものだけど、私はこれらを数学コトバって呼んでいるの。文字通り、数学でよく使う言葉だから」

「数学コトバ……初めて聞きました。でも、確かに数学の先生って授業でこんな言葉を使って説明していたような気がします」

「そういう意味で、数学は言葉の使い方を学ぶ学問って側面もあるのよ。繰り返しになっちゃうけれど、数の計算をする学問ではないのよね」

「すごく直感的な言い方になるんですけど……頭のいい人とか話が短い人って、こういう言葉を使ってテキパキと話しているイメージがあります」

「その通り！　実は説明がわかりやすいと感じる人の話をよく聞いていると、これらの言葉がたくさん使われているの。これは人間のコミュニケーションの研究をしていて発見したこと。そういう意味で、ビジネスコミュニケーションでは、数学コトバを積極的に使うようにするといいかもしれないわね」

■ 数学コトバ ～数学でよく使う接続詞～

接続詞		場面
「次に」「続いて」	→	話を先に進めるとき
「しかし」「一方で」	→	対になる話をするとき
「さらに」「かつ」「または」	→	複数の条件を示すとき
「ゆえに」「以上より」	→	結論に向かうとき
「なぜなら」	→	理由を述べるとき
「例えば」	→	例を示すとき

進士は恵子の話を理解しつつ、ある疑問も感じていました。積極的に使うように意識しろと言われても、実際には場面ごとにどの言葉をどう使えばよいか考えなければなりません。すでに慣れている人であれば臨機応変にできることかもしれませんが、進士にはその自信がありません。そのことを進士は素直に恵子にぶつけてみました。

「進士さんのその気持ちこそ、私が知らないビジネスパーソンのリアルな声ね。とても勉強になるわ！」

「あ、いえいえ。とんでもないです」

「進士さんに教えてほしいんだけど、やっぱり〝このテンプレ通りにやれば誰でも自分の意見を言えるよ〟み

たいなものがないと、なかなかできるようにならないものかしら？」

「そうですね。どんな場面でも、この公式に当てはめれば間違いない、みたいなやつがあるとありがたいというのは、俺みたいなタイプの人がみんな持っている本音だと思います」

その言葉を聞いた恵子は、少しだけ位置がずれた黒縁メガネを居心地がよいところに改めます。

「実は、私の中で１つ答えがあるの」

「？」

「まさに〝このテンプレ通りにやればＯＫ〟みたいなもの。ぜひ進士さんの感想をもらいたいんだけど、見てもらってもいいかしら」

「本当ですか⁉　俺でよければ、ぜひ」

「私の意見は○○です」を図解にしてみた

テンプレがほしい

恵子は再び店内の奥のほうへ行き、小さめのノートパソコンを持ってきました。慣れた手つきで操作し、進士に見えるように画面を差し出します。

「何ですか、これ？」

「見ての通り、図解よ」

「これがつまり、〝このテンプレ通りにやればＯＫ〟みたいなものってことですか？」

「いわゆる有識者とかプレゼンが上手な人とかがする〝自分の意見を言う〟って行為は、分析していくとほぼこの型になっていることがわかったのよ」

第一印象は「複雑そう」「難しそう」と思った進士ですが、しばらく眺めていると「意外にそうでもない？」と感じてきました。

「これって、つまり最初に前提を言って、次に主張を言って、次に根拠を述べるってことですか？」

「ええ。〝1－3－2〟と数学コトバが使われていることに注目してね」

確かにこれを図として見たとき、3つの塊と2つの矢印でつくられていると言えます。進士は恵子の言葉に納得しました。

「ってことは、この図解の最後にある〝根拠〟って大きな塊も、その中身は3つの塊と2つの矢印でできているってことですね」

「ええ」

「ここがいろいろゴチャゴチャ書いてあって難しそうですね……」

「ゴチャゴチャって……正直な感想ね（笑）」

■「私の意見は○○です」の図解

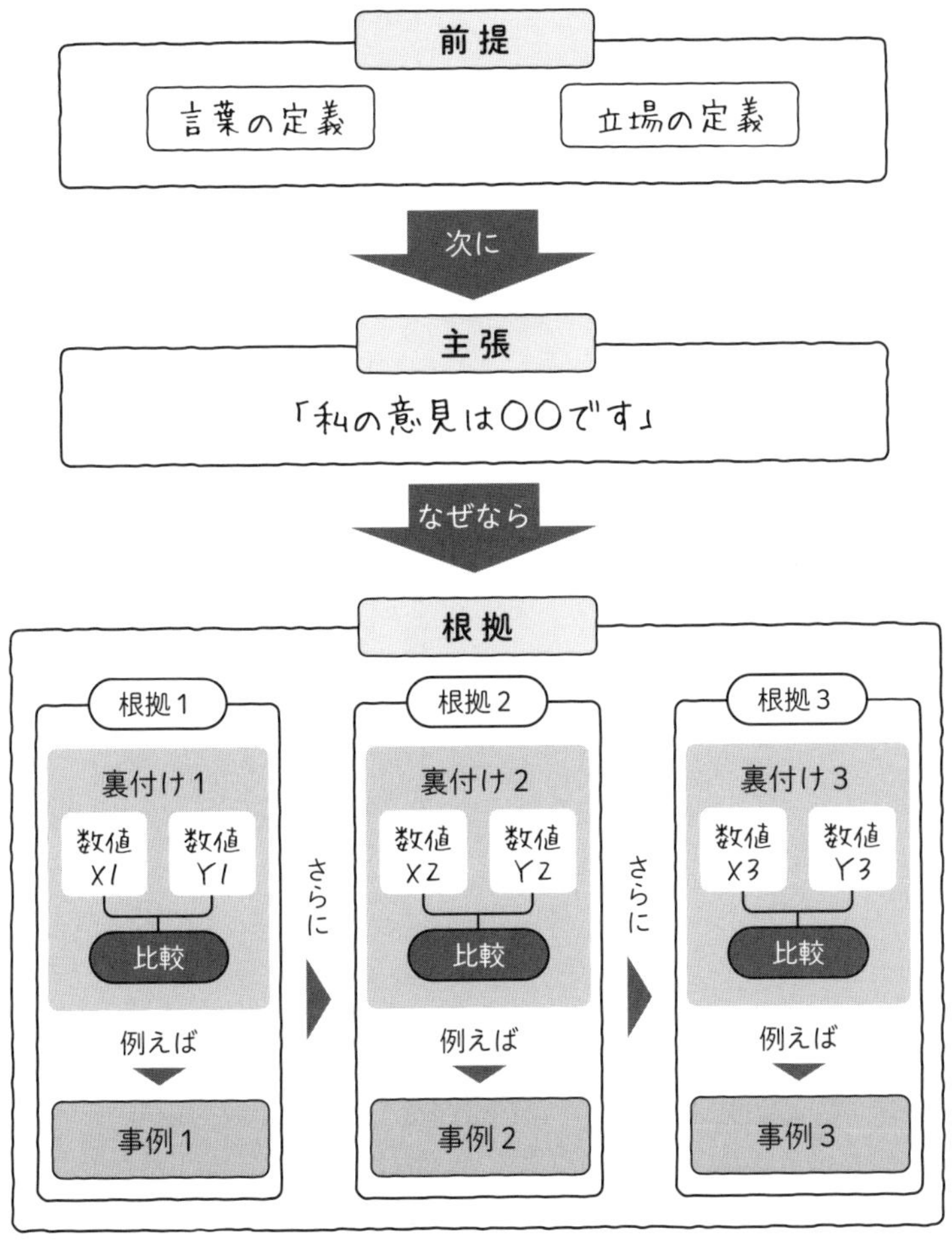

前提
言葉の定義
立場の定義
次に
主張
「私の意見は○○です」
なぜなら
根拠
根拠1
裏付け1
数値X1
数値Y1
比較
例えば
事例1
さらに
根拠2
裏付け2
数値X2
数値Y2
比較
例えば
事例2
さらに
根拠3
裏付け3
数値X3
数値Y3
比較
例えば
事例3

「あっ……」

恵子は顔をくしゃくしゃにし、大きな声で笑いました。進士は恵子の数学者という経歴よりも、喜怒哀楽をそのまま素直に表現しながら若者と対等にコミュニケーションできるその感性が素敵だなと感じていました。

「いまは細かいところは気にしなくていいわ。要するに、3つの塊があると思えばいいのよ。例えば……ちょっと不躾な質問かもしれないけれど、進士さんはなぜいまの会社に勤めているの？」

「え……そうですね……」

突然の質問に進士は戸惑いつつ、頭の中で答えるための準備を行ないます。

まさに「1－3－2」

「何というか、まず商品企画って仕事に興味があったんです。自分の考えが商品になる仕事っていいなと思ったんですよね。あとは、どうせやるなら誰もが知っ

■ 進士がなぜいまの会社に勤めているのか

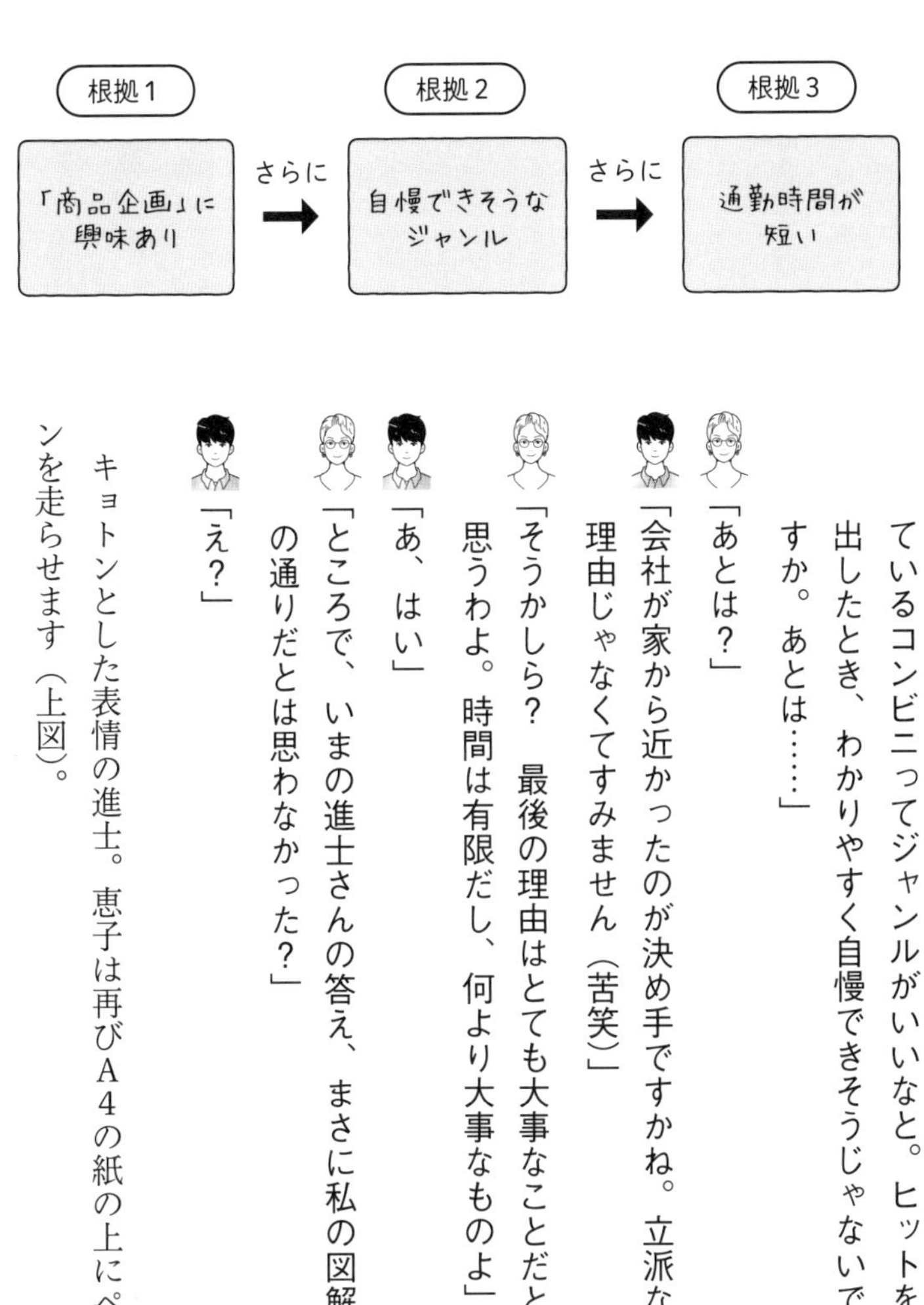

ているコンビニってジャンルがいいなと。ヒットを出したとき、わかりやすく自慢できそうじゃないですか。あとは……」

「あとは？」

「会社が家から近かったのが決め手ですかね。立派な理由じゃなくてすみません（苦笑）」

「そうかしら？　最後の理由はとても大事なことだと思うわよ。時間は有限だし、何より大事なものよ」

「あ、はい」

「ところで、いまの進士さんの答え、まさに私の図解の通りだとは思わなかった？」

「え？」

キョトンとした表情の進士。恵子は再びＡ４の紙の上にペンを走らせます（上図）。

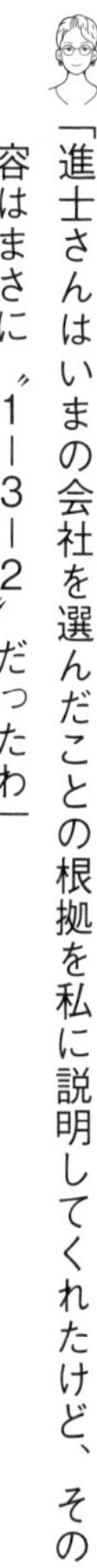
「進士さんはいまの会社を選んだことの根拠を私に説明してくれたけど、その内容はまさに〝1－3－2〟だったわ」

「……確かに」

「つまり、どんな場面においても、根拠というものは図解すると必ずこのような形で表現できるんじゃないかしら」

進士は改めてノートパソコンで見せられた図解を確認してみます。〝ゴチャゴチャしている〟をいったん無視すれば、恵子の言う通りだと思いました。

「ちなみに、進士さんがこのお店に入ってから15分くらい経つけれど、実は私もすでにこの型で根拠を説明した場面があったのよ」

「え？」

「進士さんが私に対して、『なぜ人間のコミュニケーション、特にビジネスシーンで行なわれているコミュニケーションに興味を持ったのか』と尋ねたことを覚えているかしら？」

「そっか。あのときも、理由は3つありましたね！」

確かにあの場面、進士はまさに恵子に根拠を求め、恵子はそれを〝1－3－2〟で説明していました。

意見を求められ、それに対するもっともらしい答えを素早く用意し、それを実際に伝える。まさに進士がほしいスキルでした。

「あの……とてもレベルの低い質問だと思うんですけど、いいですか？」

「人が抱く疑問にレベルの高低なんてないわ」

恵子の言葉に進士は安心して質問することができます。心の中で「素敵な言葉を使う人だな」と感心していました。

オッカムの剃刀

なぜ根拠をシンプルに図解できるのか

「すごく感覚的なんですけど、このノートパソコンに表示されている図解、よく見てみるとすごくシンプルですよね。どうしてこんなシンプルにまとめることができるんですか？」

なぜ根拠をシンプルに図解できるのか。意外に答えるのが難しい問いだなと恵子は感じていました。進士にもわかるように説明するにはどう伝えればよいか。恵子はあえて10秒程度の間を取り、進士に語りかけます。

「進士さん、オッカムの剃刀(かみそり)って言葉をご存知かしら？」

「オッカム……？　いえ、知らないですね」

「ある事柄を説明するためには必要以上に多くを仮定するべきでない、という指針のことで、14世紀の哲学者・神学者のオッカムが多用したことで有名になったそうよ」

「剃刀というのは、髭を剃ったりする、あの剃刀のことですか？」

「ええ。剃刀って不要な存在を切り落とすものよね。説明に不要な存在を切り落とすって意味で、この表現になっているみたい」

「なるほど」

「要するに、説明する理論・法則は単純なほうがよいってことかしら。私はこの考えがとても好きなの。なぜなら、数学って原則として無駄な記述がない説明が求められるものだから。〝スタートからゴールまで最短距離で説明できることがGOOD〟という価値観があるのよ」

「どういうことですか？」

「例えば、進士さんもかつて中学校や高校で数学の授業を経験したと思うけど、教科書に書かれている文章なり数式に無駄なものは1つもなかったはずなの。同時にどこか1行でも抜け落ちていたら学生はその内容を理解できない。数学の記述とはそういうものなの」

「？？」

「ちょっと伝わりにくいところよね。例えば、さっきの偶数の話を思い出してみましょうか」

恵子はＡ４の紙に再び図解で表現していきます（次ページ図）。

「さっきの図解には3つの塊と2つの矢印があったけれど、もし真ん中の塊が抜け落ちていたら、正しく意味を捉えることが難しい状態になると思うんだけど、どうかしら？」

「あっ、確かに」

「一方で、ある数（A＋B）が偶数であることを説明するためには3つの塊と2つの矢印だけで説明がついたはずよね。例えば、もしAとBとは違う偶数Cがあっても、それが（A＋B）が偶数であることを説明するためには必要ない。どうかしら？」

■ 3つの塊と2つの矢印が最短距離

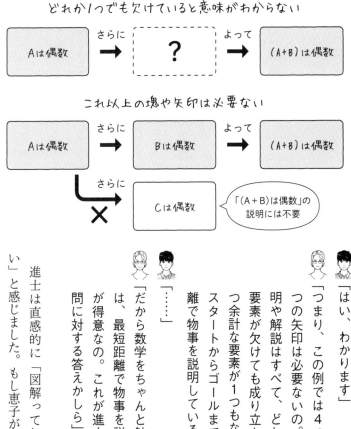

どれか1つでも欠けていると意味がわからない

これ以上の塊や矢印は必要ない

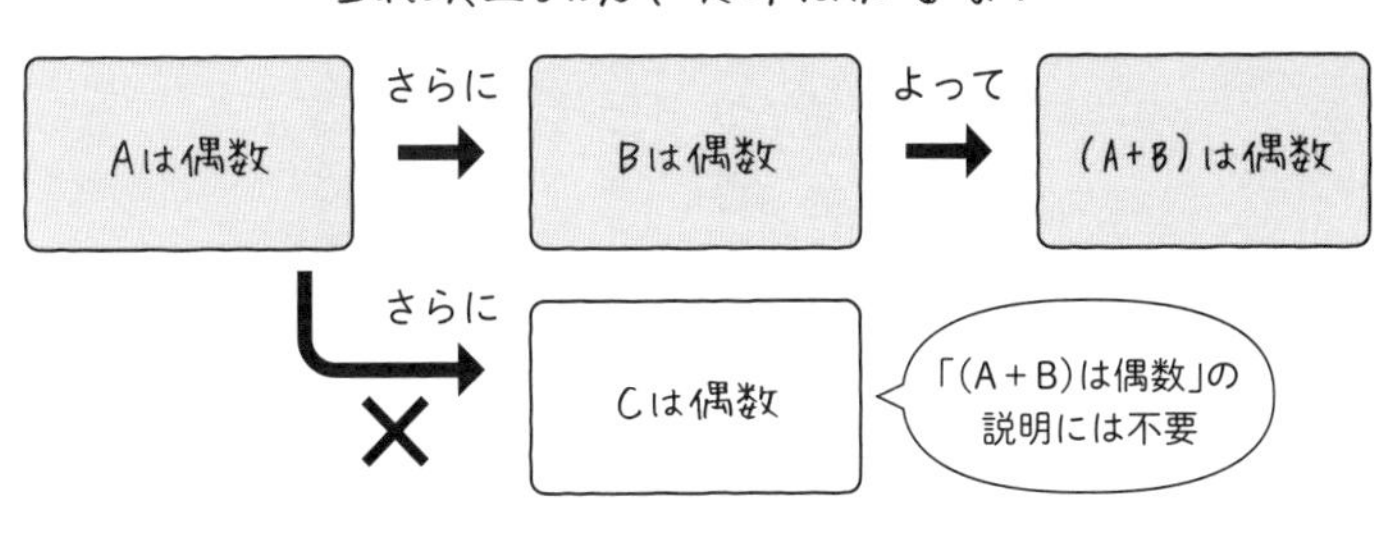

「はい、わかります」

「つまり、この例では4つの塊や3つの矢印は必要ないの。数学の証明や解説はすべて、どれか1つの要素が欠けても成り立たない、かつ余計な要素が1つもない状態で、スタートからゴールまでを最短距離で物事を説明しているのよ」

「……」

「だから数学をちゃんと勉強した人は、最短距離で物事を説明するのが得意なの。これが進士さんの質問に対する答えかしら」

進士は直感的に「図解ってわかりやすい」と感じました。もし恵子が口頭だけでこの説明をしていたら、進士にはピンとこない話だったかもしれません。図解とは論理を図形で表したもの。進士はその言葉の意味を理解すると同時に、図解というものの威力を感じていました。

「直線的な話」ができるようになる

「実は職場に理系出身でちょっと面倒くさいタイプの上司がいるんですけど、話す内容はいつも無駄がなく簡潔で、説得力があるんですよね。恵子さんの話と関係あるのかもなぁと思いました」

「そうね。オッカムの剃刀のごとく無駄をギリギリまで削ぎ落とし、最短距離で物事を説明しているという意味で、話し方が直線的なのでしょうね。寄り道せず、真っ直ぐ目的地に向かう感覚かな。繰り返しだけど、論理というのは〝道〟だからね」

「話が直線的……」

進士はこれまでの井上との対話を思い出します。井上はまさに無駄がなく簡潔で説得力のある話し方をする直線的なタイプ。一方、そもそも目的地がはっきりせず歩く必要のない道をフラフラ歩いているのが進士のコミュニケーション。

だからこそ、井上は進士の職場での話し方にネガティブな印象を持ってしまうのかもしれません。進士は恵子とこのまま対話を続けることで、井上のコミュニケーションとの差をより明らかにし、解決のヒントを手にすることができるのではと予感していました。

「あの……図々しいお願いなんですが」

「何かしら？」

「お仕事中だと思いますが、もう少しお話を聞かせてもらえませんか？」

「いいわよ。ご覧の通り、ほかにお客様もいないし、1人黙って過ごすなんて退屈だし。何よりビジネスパーソンのリアルな意見を聞けるのは私にとってこれ以上ないほどの学びよ」

「ありがとうございます」

「学生さんとゼミをしていた頃を思い出すわ。本当に今日はいい日ね」

ふと恵子が外を見ると、白い車がゆっくりと店の横を通り過ぎて行くのが見えました。

このカフェを手伝うようになって、単に通過するだけの車と、この店に来る客の車の違いが速度でわかるようになりました。「どうやら別の客がやって来そうだ」と恵子は心の中で思いつつ、進士のほうへ視線を戻します。

「ところで進士さん、さっき、あなたはとても数学的なことをしたのよ」

「え？」

「あなたは私にこう尋ねたの。〝そもそも論理って、何なのでしょうか？〟って。覚えているかしら？」

「あ、はい」

「言葉の定義を確認する。とても数学的でいいことよ」

このとき、進士にはまだ、その言葉の意味がわかりませんでした。

Message
「自分の意見を言う」にはテンプレートがある。
それは塊と矢印でできている。
Arrow
Template

COLUMN 1

数学と言語化スキル

「数学とは説明である」という恵子の言葉に驚いた読者の方もいるかもしれません。

私たちが学生時代に数学を勉強する理由の１つは、**言語化して誰でもわかるように説明するスキル**を得るためです。言語化とはあいまいでぼんやりした状態を明確な言葉で説明することを指します。

例えば、「円」とはどんな図形でしょうか。「まんまる」と答える人が圧倒的に多いですが、「まんまる」とは極めてあいまいでぼんやりした概念です。この「まんまる」を明確な言葉で、誰でも共通のものを認識できるように表現すること。これが数学の本質です。

一方、人間の思いつきや直感のようなものも、極めてあいまいでぼんやりしたものではないでしょうか。

もし、あなたのそばに「数学なんて役に立つの？」と疑問を持つ方がいたら、本書をプレゼントしてあげてはいかがでしょうか。

第2章

前提
～言葉と立場を定義せよ～

本来、意見というものは
いろんな可能性を探り、
物事をよくするために
することだからね

「言葉の定義」という作法

新たなお客様

進士はシンプルな壁にかけられた時計に目を向けました。その針はこの店に入ってからまだ20分程度しか経っていないことを教えてくれています。グラスの中で氷が溶け始め、アイスコーヒーの量はあまり減っていないように見えます。

すると次の瞬間、店の扉が開く音がしました。40代くらいと思われる男性がこちらを覗いています。

「えっと、こちらのお店って営業していますか？」

「ええ。ご覧の通り、狭いけれどいいかしら。あと、私がかなりのおしゃべり好きなおばあさんなの。さっきから少しばかりお客様とおしゃべりしているんだけれど、それを続けてもいいかしら？　もし静かなところがよければ、ほかのお店がいいかもしれないわ」

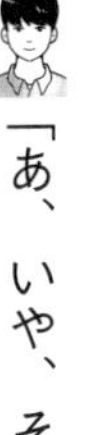

「あ、いや、そんな……申し訳ないですよ」

数秒ほど間がありましたが、男性は「大丈夫です。じゃあ、お邪魔しますね」とニッコリ笑い、進士とは違うほうのテーブルに向かいました。

「いらっしゃいませ。何になさいますか？」

「ジンジャーエールはありますか？」

「ええ。少しお待ちくださいな」

男性は別のテーブルにいる進士を見て、軽く会釈をします。それに応じるかのように進士もコクリと頭を動かし、ぎこちない笑顔で応えます。

「すみません。楽しいおしゃべりを邪魔しちゃったかな」

「そんなふうに思わせてしまってすみません。まったくそんなことはありませんので」

「はーい、お待たせしました」

恵子はその男性のテーブルにジンジャーエールの入ったグラスを置きました。窓ガラスから入ってくる明るい日差しも手伝い、その液体はキラキラ輝いています。

「軽井沢にお住まいですか？」

「いえ、埼玉県です。休日なのでドライブがてらこちらに。休憩したいなって思っていたら、ちょっと変わった外装のこちらのカフェが目に入りまして」

「そうだったのね」

「ところで、お2人はお知り合いですか？　どんなおしゃべりを？」

恵子は自分の経歴と進士のことを簡単に紹介し、これまでの対話の内容を要約して説明しました。

「……というわけ。カフェで店員とお客様がする話としては、かなり変よね」

「でも、すごい勉強になっています」

男性は2人の話を聞きながら、ジンジャーエールに口をつけます。

「実に興味深い話です」

「え？」

「あ、申し遅れました。私は落合一真（おちあい・かずま）と言います。年齢は進士さんより20歳近く上かな。いわゆる理系出身で、いまはある企業のエンジニア部門で管理職をしています。実は私の部下が自分の意見を言わなかったり、ピントのずれた報告や説明しかできないことに、少しばかりフラストレーションを抱えているんです」

「……」

「あ、ごめんなさい。もしかしたら私は進士さんの上司と似たような境遇なのかもしれません」

落合の話し方は恵子のそれとは違い、ゆっくり落ち着いた印象を与えます。冷静沈着でいかにも仕事ができそうな人。それが進士の落合に抱いた第一印象でした。

部下と上司のすれ違い

「進士さん、今日はラッキーね」

「え？」

「落合さんにいろいろと聞いてみたら？　ヒントがもらえるかもしれないじゃない」

「いや、そんな……」

「というか、むしろ私が知りたいかもしれません」

「……と言うと？」

「なぜ私の部下は意見を言わないのか。なぜ私とまったく違う、的外れなことばかり言って失望させるのか。そういうことって、巷にあるビジネス書やセミナーなどでは答えてくれないテーマのような気がするんですよね」

恵子は「なるほど」と言わんばかりに頷きます。ビジネスパーソンのリアルな声。これこそ恵子がいま欲しているものです。

「あの、もしご迷惑でなければ、お2人のおしゃべりの続き、私も混ぜていただいてよろしいでしょうか。私も勉強させていただきたく」

「そんな、勉強だなんてとんでもない」

「もちろん大歓迎よ！　何だか楽しくなってきたわね♪」

「よろしくお願いします」

進士は先ほどの恵子の言葉がずっと気になっていました。さっそくその真意を尋ねてみることにします。

「ところで……落合さんがいらっしゃる直前に恵子さんがおっしゃった、〝言葉の定義を確認する〟って、どういうことですか？」

「うふふ。やっぱりそこが気になっていたのね。それを説明するためには、もう一度さっきの図解が必要だわ」

恵子は再びパソコンの画面を見せます（59ページ図）。初めてその図解を見る落合のために、少しだけ間を取ります。落合がざっと全体像を把握した様子を確認し、恵子は話を続けます。

「では、改めて確認ね。自分の意見を言うという行為は、いくつの塊といくつの矢印で構成されていたかしら？」

「〝1－3－2〟、つまり1つの意見は3つの塊と2つの矢印でできています。前提→主張→根拠……ですよね？」

「じゃあ、この図解の一番上にある〝前提〟のところ、何が書かれているか読んでみて」

「えっと……〝言葉の定義〟と〝立場の定義〟です。あ……」

恵子はニッコリ笑います。

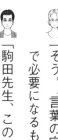

「そう。〝言葉の定義〟って、前提を確認したり相手とそれを共有したりする場面で必要になるものなの」

「駒田先生、この〝前提〟という塊、私自身は普段あまり意識していないように感

じました。これは大事なことなのでしょうか？」

「あ、先生は〝恵子さん〟と呼ばれるほうがお好みだそうです」

「おっと、そうでしたか。じゃあ恵子さん、いかがでしょうか」

「うふふ。それはお2人のビジネスパーソンとしての意見をぜひ聞きたいと思っているわ。ちなみに私のような数学の世界の人間にとっては、とても大切にしていることよ」

「と言いますと？」

「例えば、お2人はトーラスってご存知かしら」

進士と落合は顔を見合わせ、小首を傾(かし)げます。どうやら2人とも知らない言葉のようです。

説明には必ず前提がある

「ドーナツの表面のような曲面のことを幾何学ではトーラス（torus）って呼ぶの」

「ドーナツの表面ですか？」

■ トーラス (torus)

リングドーナツの表面のような曲線のこと

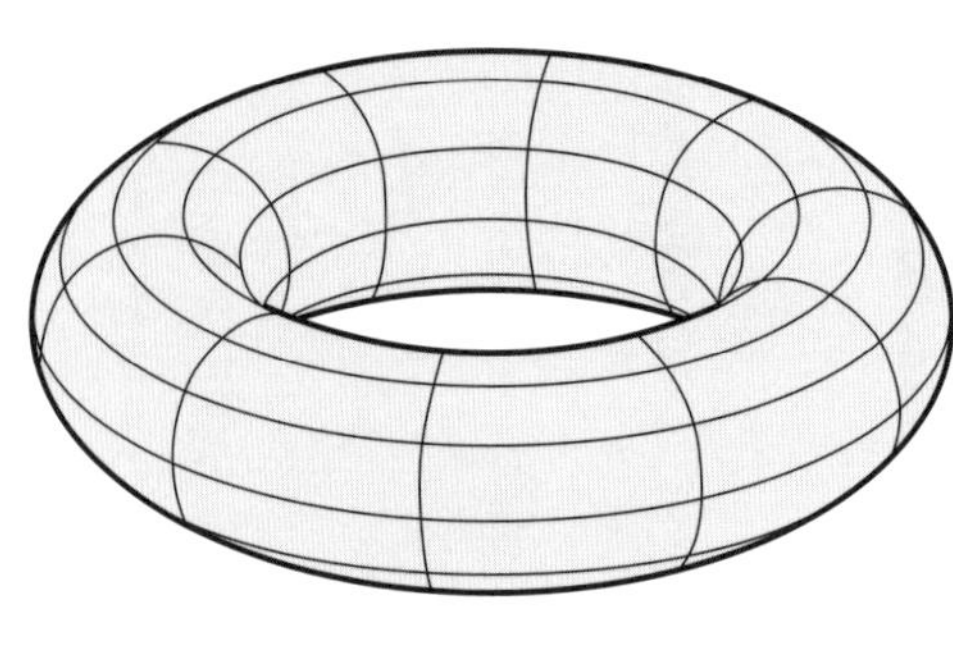

「そこで想像してみてほしいの。もし、私がお2人に数学の授業をするとして、トーラスという言葉の意味を説明することなく、いきなりトーラスを使った問題の解説をしたら、どう思うかしら」

「その内容は理解できないでしょうし、そもそもトーラスって何だよ、って気分になりますね」

「つまり、トーラスの授業をしたければ、トーラスというものが何なのかを定義してから始める必要があるってことですね？」

「ええ。数学の説明をするためには、扱う言葉の定義をしないと始められないの。素数の話をしたいなら、まず素数とはどんな数なのかを定義してから。球体の話をしたいなら、まず球体とはどんな図形なのかを定義してから。そうでないと、相手は以降の話が何の話なのかまったく理解できなかったり、認識の齟齬（そご）が生まれたりしてしまうわ」

「そういうものなんですか……」

「例えば、落合さんが普段のお仕事でよく使う言葉ってあるかしら？」

質問された落合は思考を巡らせるため、あえて目線を窓の外に向けました。

「エンジニアたちをまとめつつ、最近はマーケティングの領域での仕事が多いので……〝コンバージョンレート〟とかかな。成約率みたいな意味なんですけど」

「もし、落合さん自身が自分の部下やお客様にその言葉を使って意見を言うことがあるとしたら、それは相手が〝コンバージョンレート〟を知っていることが前提にならないかしら」

「もちろんです」

進士は恵子が〝前提〟という言葉を使ったことを聞き逃しませんでした。

SCENE 2 なぜ「前提」にこだわるのか

DXを知らない人にDX時代を語ってはいけない

「恵子さん、もしかして、こういうことですか。**自分が意見を言うときに、その前提が相手と違うといい結果にならない。だから、まずは自分の考える前提を相手と共有しておく必要があると……**」

「特に相手が知らない言葉はその定義を伝え、両者でコミュニケーションするための前提を揃える必要があるってことですね」

「ええ」

「そう言えば、思い出したことがあります。あるお客様にDX時代のマーケティングというお題でのコンサルティングを相談されました。そこで我われは、そのお客様に提供できることをプレゼンしたんです。私はてっきりDXというものをよくご存知だからウチの会社に相談してきたんだと思っていたんですが……」

「違ったんですか？」

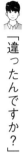

「はい。プレゼンにはその会社の幹部クラスもいたんですが、実はその人たちがDXというものをよくわかっていなかったようで」

「なんと……」

恵子は2人の対話を聞きながら、何かを紙にペンで書き始めています。

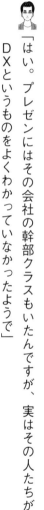

「私は聞き手がDXというものをよくご存知だという前提でプレゼンをしてしまいました。だから、〝そもそもDXとは何か〟みたいな言葉の定義をする発想はまったくありませんでした」

「そうなっちゃいますよね……」

「しっかりプレゼンしているのに、どうもイマイチその人たちに伝わっている感じがしなくて。いま思えば、そりゃそうだって話ですよね」

「話を聞くときの前提が落合さんと相手で違ったってことですか。何か結構ありそうな話ですよね……」

恵子は2人の対話を興味深く聞いていました。実際のビジネスシーンでもそのような場面がたくさんあると聞いて、恵子は自分の図解と仮説はかなり実態を正しく捉えているのではないかと自信を持ち始めました。

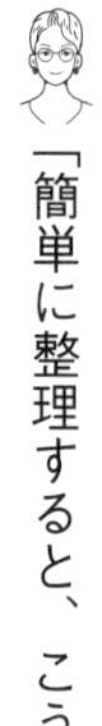

「簡単に整理すると、こうなるかしら」

恵子はペンを置き、紙を2人に見えるように差し出します（次ページ図）。

「さっきの落合さんの事例、とてもわかりやすい話ね。実は数学における説明も、それとまったく同じなの。こうして比べてみると、数学のコミュニケーションとビジネスのそれは同じ構造をしていると気づかない？」

「同じ構造……確かに。どちらも〝言葉の定義〟の話です」

「そっか。さっき恵子さんが俺に〝あなたはとても数学的なことをした〟と言ったのは、そういう意味だったんですね」

「ええ。一般的に言えることだけど、伝わらないとか納得してもらえないとか、好

■ 前提を共有してから本題へ

数学

前提「トーラス」という言葉を知っている

相手が知っている → 前提通り → すぐに本題へ

相手が知らない → 前提と違う → 前提を揃えてから本題へ

ビジネス

前提「DX」という言葉を知っている

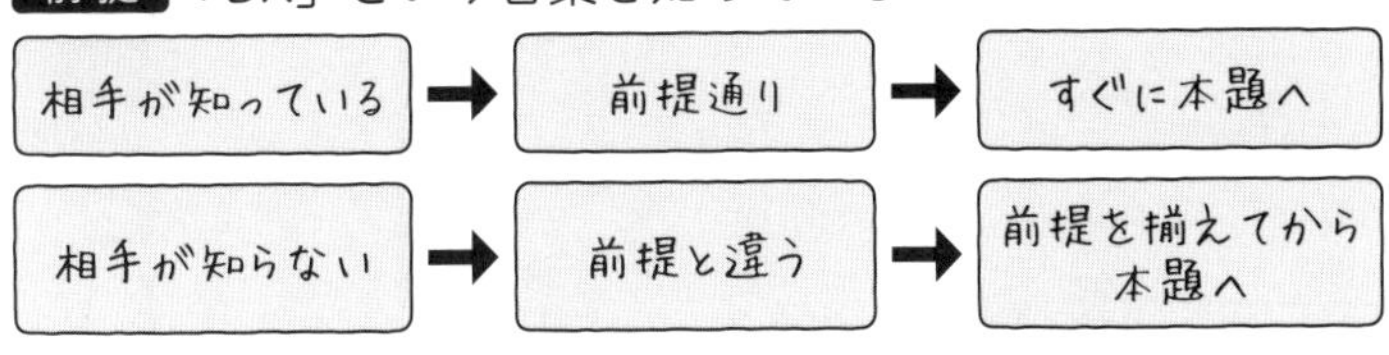

ましい反応がない理由の1つは、〝知らない言葉で説明されているから〟なのよ」

「言われてみれば当たり前のことですが、意外に見落としてしまう大切なことかもしれません。特に私の業界はカタカナ語や専門用語が多いので」

そう言って、落合は深くうなずきます。

進士は、恵子が「前提」についてまとめた紙をじっと見つめ、自分の仕事での会話を振り返っていました。

「立場の定義」という視点

あなたはどの立ち位置から話せばいいの?

「お2人とも寒くないかしら? 狭いお店だから冷房が効きすぎちゃうのよね」

「あ、大丈夫です」

「私も大丈夫です。この季節、乾いた喉にジンジャーエールは最高です」

恵子の心は踊っていました。いまここにいる2人は、一方が「自分の考えを意見にして伝えることが苦手」な人物。もう一方は、「それをしてくれない部下に悩む」人物。仮説を検証するにあたり、キャスティングとしては最高だと思ったからです。

「お2人に質問していいかしら?」

「あ、はい」

「もちろんです」

「ビジネスコミュニケーションにおいて、〝立場〟って大事なのかしら？」

「立場……役職みたいなもののことですか？　部長とか新人とか……」

「それもあるけれど、少し違うニュアンスかしら。立ち位置、みたいなものね」

「表面的な肩書きというより、どの立ち位置から話すか、みたいな感じですかね」

「うーん、ちょっとピンと来ないなぁ……」

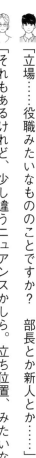

　その言葉を聞いた落合は、具体例を探すために視線を窓の外に向けています。恵子はその様子を見て、もしかしたら落合には考えるときに遠くを見る癖があるのではないかと勝手に仮説を立てていました。

「例えばですが、〝この会社にとって大切なものは○○です〟って主張しなければならないときがあったとしますね」

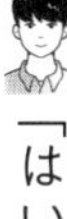
「はい」

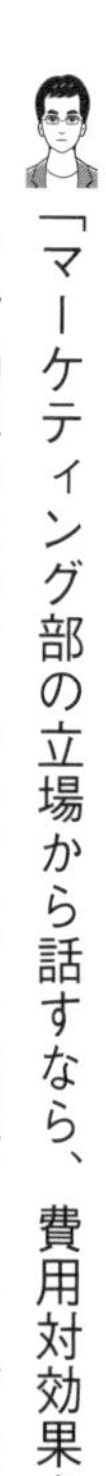

「マーケティング部の立場から話すなら、費用対効果を測定するツールを導入して、効率のよいマーケティングを実現することが会社にとって一番大切なものと思うかもしれません。会社の収益にも直結するし」

「確かに」

「でも、これが人事部の立場から話すとするなら、そういう主張にはならないかもしれません。中途採用による即戦力の人材の確保と既存社員の育成体系を見直すこと、なんて主張になるかも」

「それも大事ですよね」

「つまり、どの立場で話すのかによって、人の話す主張は変わってくるし、その伝わり方も違うというか……」

「なるほど。立ち位置って、そういう意味なんですね」

恵子はニッコリ笑い、小さく拍手をしました。まさにそれを話したかったからです。

「実に興味深い話だわ。落合さんがおっしゃるように、どの立場から話すかで、そ

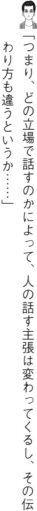

■ 恵子が書いた数式

主張

$$x^2 = -1$$

この方程式に答えはない

の内容の伝わり方や正誤が変わってしまうことがあるんじゃないかしら」

「数学にも、そういうことがあるんですか？」

「そうね。例えば、こんな主張をするときとか……」

恵子は素早く紙に数式を書いて2人に見せました（上図）。

「2乗してマイナスになる数なんてありましたっけ？　数は2乗したら必ずプラスになったような……」

「いや、虚数を認めるなら正解はありますよね。中学では学ばないけれど、高校の数学では出てきた気がします」

「？？？　キョスウって何ですか？」

落合は手短に虚数（Imaginary number）という数の存在を進士に説明しました。文字通り想像上の数であり、2乗することでマイナス1になる数の存在を認めると定義されます。

■ 前提が違うと答えも違う

数学

$x^2 = -1$　この方程式に答えはない

前提　中学数学の立場 ➡ 正しい

前提　高校数学の立場 ➡ 誤り

ビジネス

この会社にとって大切なものは○○です

前提　マーケティング部の立場 ➡ 測定するツールを導入

前提　人事部の立場 ➡ 即戦力の確保と既存社員の育成

「落合さん、よくご存じね。この例はつまり、虚数の存在がないという前提で主張するなら正しいとなるけれど、虚数の存在を認める前提で主張するなら誤りとなるの」

「中学数学の立場なら正しいけれど、高校数学の立場ならそうとは言えない、とも言えるでしょうか」

「あ、恵子さん、また〝前提〟って言いましたね」

「あら本当ね。この話は前提の大切さを理解するための話ってことね」

恵子は紙に整理し、2人に見せました（上図）。

「いったん認めることができる意見」とは

〝誤り〟は存在しない

「考えがあるんだけど、お2人に聞いてもらいたいの」

「ぜひ聞かせてください」

「さっきの方程式の例だけど、〝正しい〟と〝誤り〟という2つの主張はどちらも間違っているわけではないと思うの。前者はただ中学数学を前提に主張しただけ。後者は高校数学を前提に主張しただけ。だから、どちらも嘘をついているわけでもなければ、恥ずかしいことを言っているわけでもないわ。つまり、**どちらもいったん認めることができる意見ということにならないかしら**」

恵子は2人の顔を交互に見ました。一瞬、落合の表情が変わった気がしました。

「この考え方はビジネスにおいても当てはまるのかしら？」

「うーん、俺には……まだわかりません。落合さんはどう思いますか？」

「そうですね……私も正直に言えば恵子さんのおっしゃる、いったん認めることができる意見というものが、まだしっくりきていないかもしれません」

「じゃあ、もう少しおしゃべりを続けましょう。もう1つ教えてほしいの」

いつの間にか進士が恵子にではなく、恵子が2人に質問していく会話になっています。進士は恵子に対して「この人は本当に自分たちから学ぼうとしている」とますます好感を持ちました。

「もし、ビジネスシーンで自分の意見を言うとき、自分と相手で立場が違うと、どんなことが起こるのかしら？」

「おそらく……意見が合わないというか、結果的に上司とかから〝それは違う〟とか〝わかっていない〟とか、否定される気がします。少なくとも俺はそんな経験をたくさんしてきました」

「それはつらいわね（苦笑）。もう少し具体的に聞きたいんだけど、それらのケースではなぜ否定されたのかしら？」

「その相手、例えば上司の考えと違うからかな……」

「なぜ違うといけないのかしら？」

進士には恵子の言ったことの意味がすぐにはわかりませんでした。落合はどうだろうと目を向けると、ハッとした表情をしています。

「この質問は私の研究においても大事なポイントなの。だから、お2人の答えにとても興味があるわ。何せビジネスパーソンの実態は、お2人のほうが詳しいですから」

「……」

「改めて聞くけれど、上司やお客様と意見や考えが違うのはいけないことなの？　怒られることなの？　否定されるべきものなの？　認めてあげることはできないものなの？」

「……そうですよね。相手と同じではなくてよいものだと思います」

「実はドキッとしました。先ほどの例でも、マーケティング部の立場では正しいことを言っていると思うし、人事部の立場でもそれは同じかと。立場が違うだけでどちらも嘘をついているわけでもなければ恥ずかしいことを言っているわけでもない。恵子さんのおっしゃる、いったん認めることができる意見という捉え方は、これまでの私にはなかったかもしれません」

すると、店の奥で電話が鳴りました。恵子は「ちょっとごめんなさい」とその場を外し、電話の相手と小声で話しています。この時間を使って、落合は進士と話を続けることにします。

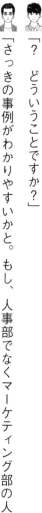

「つまり、ビジネスシーンで何かを主張したとき、相手が好ましい反応をしないとしたら、その内容自体に問題があるというよりは、立場の違いを認識していない、あるいは共有されていないことが問題なのではないかな」

「？　どういうことですか？」

「さっきの事例がわかりやすいかと。もし、人事部でなくマーケティング部の人が、〝即戦力の人材の確保と既存社員の育成体系を見直すことが最重要です〟なんて主張をしたら、さすがにそれは違うだろうと否定されたりする可能性が高いって思いませんか？」

「確かに。つまりその場面で、もし最初に『人事部の立場から意見を言います』と伝えておけば、少なくともその内容が間違いという評価にはならないんじゃないかってことですか」

「そうです。恵子さんは、それを言いたいのだと思います」

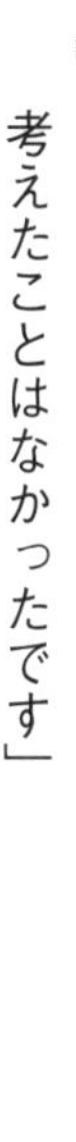

「いったん認めることができる意見って、そういう意味なんですね。俺もいままで考えたことはなかったです」

恵子が電話を終えて戻ってきました。

「オーナーからの電話だったわ。たまに店の様子を聞くために電話をくれるのよ。お2人のことを話したら喜んでいたわよ」

「え？」

「『カフェは飲み物を飲む場所ではない。豊かな時間を過ごすための場所だ』これオーナーの口癖」

「いい言葉ですね」

「私もそう思うわ。ところで、いまどんな話になっているのかしら？」

進士は落合との対話の内容を要約して恵子に伝えました。

数学と物理はケンカをするのか

「恵子さんのパソコンにある図解に〝立場の定義〟って書いてある理由もわかった気がします」

「それはよかったわ。ちなみに、このテーマは数学からもう少し拡大させて、学問全般においてよくあることと言っておこうかしら。例えば、あるテーマについて数学の立場ではAという主張になるけれど、物理学の立場ではBという主張もある、みたいなこともあり得るの」

「立場が違うから、主張が異なっても当然ということですね」

「ええ」

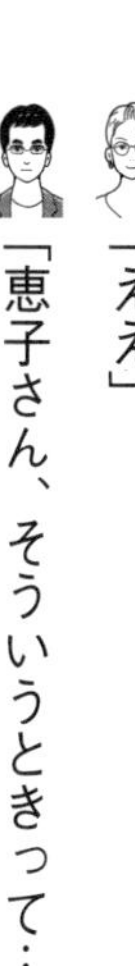

「恵子さん、そういうときって……何て言うか、数学と物理でケンカになったりしないんですか？」

「うふふ。落合さん、面白いことをおっしゃるわね」

これまであまり表情を変えなかった落合が、初めてわかりやすい笑顔を見せました。

「例えば、私と違う意見が部下から出てくるとついイライラしたり、〝そうじゃないんだよ〟とか〝ピントがズレているんだよなぁ〟とか思ってしまうんですよね……」

「とてもリアルなお話ね。まあ人間ですから、むしろそれは当然かもしれませんよ」

「そうでしょうか……」

「落合さんの質問に答えると、結論から言えばケンカにはならないわ。ただし、私の知る真っ当な学者たちに限定すれば、という条件つきかしら。異なる立場からの主張だから違って当然だし、いろんな立場からの意見を聞いた上で真理を探究していくのが当然の姿なのよ。私が〝いったん認めることができる意見〟って表現するのも、そういう理由ね」

「なるほど……」

「私は人間のコミュニケーションについて、数学者の立場から分析をしているわ。でも、それが唯一の絶対的な正解を導くものだとは思っていないの。哲学者の考えや言語学者の意見もいろいろと聞いてみたいわ。本来、意見というものはいろんな可能性を探り、物事をよくするためにすることだからね」

進士は恵子の話を聞きながら、ビジネスパーソンは「いろんな立場からの意見を聞いた上で真理を探究していく」姿勢が持てる人種なのだろうかと、ぼんやり考えていました。本来、意見というものはいろんな可能性を探り、物事をよくするためにすること。その通りだなと、恵子の言葉に深く共感していました。

（言葉の定義）×（立場の定義）＝（いったん認められる意見）

実演してみよう！

「ちょっとここまでを整理したいんですけど、いいですか？」

「もちろんよ」

「自分の意見を言うという行為は、〝1－3－2〟です。その3つのうちの最初に当たるのが〝前提〟という塊」

「ええ」

「それは大きく2つあって、1つは言葉の定義。意味を知らない言葉で意見を言われても、受け入れてもらえるわけがないから。もう1つは立場の定義。その意見はどの立場から述べるものなのかを先に言わないと、ミスコミュニケーションが起こるから」

恵子はゆっくり大きく頷き、右手の親指と人差し指で円をつくります。進士はそれが「ＯＫ」のサインであることをすぐに理解しました。

「でも、大事なのは実際のビジネスコミュニケーションに適合しているかどうかよね。単なる数学者の空論じゃ意味がないわ」

「あの……１つ提案してもいいですか？」

落合が右手を挙げ、ゆっくりした口調でそう言いました。グラスの中のジンジャーエールは、まだたくさん残っています。

「例えば、進士さんにとって実際にありそうな設定で練習してみるのはいかがでしょうか？」

「え⁉　ここでですか？？」

「ええ。なぜなら、私が進士さんの上司の立場で聞けるからです。それがどう聞こえるか、私自身もいい経験になります」

「うふふ、いいわね。せっかくだから、少しエクササイズをしてみましょうか」

「参ったな……」

ここまで前向きに対話をしてきた進士ですが、実際にここで練習してみるとなると、恥ずかしさも手伝って、途端に心のブレーキがかかります。でも、自分がずっと隠してきた悩みを打ち明け、ここまで付き合ってくれた2人です。勇気を出して、落合の提案に乗ってみることにしました。

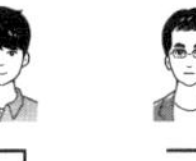

「進士さんはコンビニの商品企画がお仕事でしたよね。上司に自分の意見を言うときって、どんな場面があるのでしょうか？」

「そうですね……例えば、新製品の監修を誰に、あるいはどの店にやってもらうかとかですかね」

「なるほど。麻婆豆腐とかも〝◯◯飯店が監修しました！〟みたいなキャッチコピー、ありますよね」

「はい。俺はいまのところスイーツが担当だから、そっち系の商品について意見を求められることはよくあります」

「いいですね。じゃあ早速、ここで実際に話してみませんか」

「……何か緊張するな、これ（笑）」

2人の様子を微笑ましく見ていた恵子が、進士にある提案をします。

ビフォーとアフターを比較する

「進士さん、まずはこれまでの3人での会話はいったん忘れましょうか」

「え？　どうしてですか？」

「昨日までの進士さんなら、職場でその場面に遭遇したら、どう意見を述べるのかしら。まずは、それを明らかにしてみない？」

「わかりました。そうですね……きっとこんな感じだと思います。じゃあ、ちょっと高級なプリンの新製品をテーマにしますね」

進士はひと呼吸置いて、その場面を想像しながら、意見を述べてみることにしました。

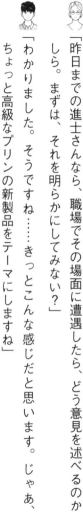

「えっと……俺的にはジョルダン・パースに監修してもらうのがいいかなって感じです」

恵子はニッコリ笑い、小さく拍手をして進士を讃えます。

「じゃあ次は、本題に入る前の前提というものを強烈に（！）意識して自分の意見を述べてみましょう」

「強烈に……ですね。わかりました。〝言葉の定義〟と〝立場の定義〟ですよね……。ちょっと時間をください」

進士はアイスコーヒーの入ったグラスをじっと見つめています。このあとにする実演の内容を頭の中でじっくり整理しているためです。1分ほど時間が経過し、進士は表情でOKサインを出しました。

「えっと、俺の意見を言うに当たり、前提の確認を2つほどさせてください。念のため確認ですが、みなさんはジョルダン・パースというパティスリーをご存知でしょうか。神戸にある行列が絶えない洋菓子店で、若い女性にとても人気です」

「……」

「次に、そもそも俺はスイーツがあまり好きではありません。そのような立ち位置から、今回の新製品であるちょっと高級なプリンの監修をどこに依頼したらよいか意見を言わせてもらいます」

「……」

「スイーツがあまり好きではない俺のようなタイプからすると、深く考えず気軽に試すような買い方はあまりしないと思います。とにかく〝間違いないもの〟とか〝美味しいと一瞬で伝わるもの〟でないと買わないです。だから、若い女性を中心に認知度が高い人気店、具体的にはジョルダン・パースみたいな店が監修したというお墨つきがあるなら、コンビニ価格だし一度くらいは食べてみようかなと思う人は多いのではないでしょうか」

実演を終えた進士は、おそるおそる恵子と落合の表情をうかがいます。恵子はニッコリ笑い、今度は大きな拍手をして進士を讃えます。

「全然違うじゃない！　すっごくわかりやすかったわよ！」

「本当ですか？」

「同感です。失礼ながら、最初のはちゃんと考えずテキトーに言ったという印象がありましたが、２回目はちゃんとした意見になっていた感じがします」

「確かに後半のほうが、ちゃんと意見を言えている感じがしましたし、何て言うか……怖くなかったんですよね」

その言葉に恵子も反応します。最初の実演はなんだか自信がなさそうに見えたこと。でも、２回目のそれは何だか自信ありげに話しているように見えたこと。恵子は感じたことを素直に進士に伝えます。

「こんなにも違うものなんでしょうか……自分でも驚いています」

ツッコミが苦手。ちゃんと考えていないヤツと思われるのが怖い。心のどこかにそんな感情を持ちながら職場でコミュニケーションをしていた進士にとって、恵子と落合の言葉はとてもうれしいフィードバックでした。

不安を取り除く⇩自信が持てる

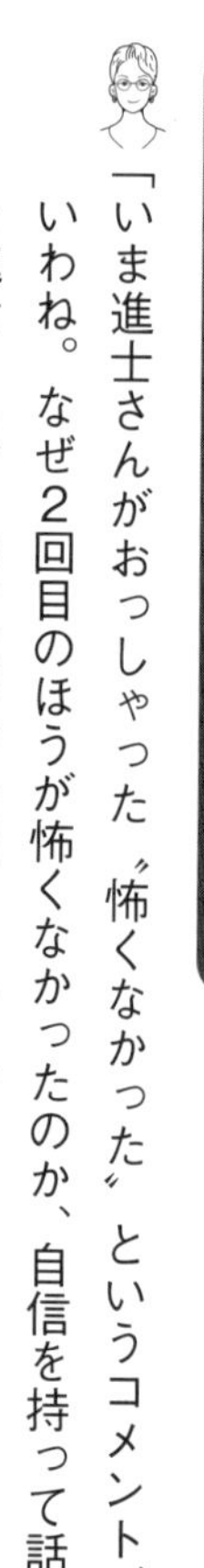

自信を持って意見を言えるメカニズム

「いま進士さんがおっしゃった〝怖くなかった〟というコメントがとても興味深いわね。なぜ2回目のほうが怖くなかったのか、自信を持って話せたのか、理由を進士さんなりの言葉でぜひ聞きたいわ」

「うーん、そうですね……冒頭で言葉の定義をすることで、ジョルダン・パースに対する認識を恵子さん、落合さんと共有できました」

「認識？」

「はい。神戸にある行列が絶えない洋菓子店で若い女性にとても人気のパティスリーである、という認識です。これって、どういうニュアンスでジョルダン・パースという言葉を使うかを示したってことじゃないかと思ったんです。ここが相手と違ってくると、主張が正しく伝わらないなって気づいたんです。その

心配がなくなったことで、意見を言う前の不安が1つ解消されたのかも」

「なるほど」

「あとは立場の定義。あくまで自分はスイーツがあまり好きではないことを前提にすることで、変にカッコつけたり知ったフリをすることなく、〝スイーツがあまり好きでない20代男性の本音〟を言うことができました」

「確かに聞いていて、そんな感じがしました」

「もし、この意見を聞く相手がスイーツ好きな人だとしたら、その人の意見は俺と違うものかもしれない。でも、その人と意見が一致している必要はないんです。俺はあくまでスイーツがあまり好きではない立場から言っているので。だから俺の意見自体が否定されたりバカにされたりする心配はない気がするんです」

「いまの進士さんの2つの話に共通することが1つあるんだけど、わかるかしら」

進士と落合は飲み物を飲むのも忘れ、恵子の問いの答えを無言で探します。

「……不安が取り除かれたってことかもしれません」

「？」

「本題に入る前に言葉の定義や立場の定義をすることは、意見を言う人にとっては不安を取り除くことにつながるんじゃないでしょうか。進士さんもさっき自分でおっしゃっていましたよね。〝心配がなくなった〟って」

確かに、進士はそう言いました。進士の中で少しずつ答えらしきものが見えてきます。

スタートの仕方を間違えてはいけない

「そっか。相手と前提を揃えることは、意見を言う側の不安を取り除くことになるのか……不安が取り除かれるから、自信を持って意見を言いやすくなるんだ」

「私の仮説もそこにあったのよ」

「と言いますと？」

「ビジネスパーソンが自信を持って意見が言えないという現象を研究対象にしようと思ったとき、まず解決すべき部分は何かと考えたの。私の仮説は、スタートの仕方がよくないのではないかというものだったの」

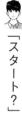

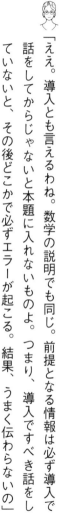

「スタート？」

「ええ。導入とも言えるわね。数学の説明でも同じ。前提となる情報は必ず導入で話をしてからじゃないと本題に入れないものよ。つまり、導入ですべき話をしていないと、その後どこかで必ずエラーが起こる。結果、うまく伝わらないの」

ふと恵子が外を見ると、店の前で若い女性が乗った自転車が停まるのが見えました。恵子はすぐに視線を店内に戻し、話を続けます。

「一般的に言えることだけど、何事もスタートが間違っているとうまくいかないものじゃないかしら。例えば、陸上の短距離走なんて、スタートでミスをすると、そこからどれだけ頑張って走ってもおそらく負け。取り返しがつかないわ」

「確かに。スタートの仕方で決まっちゃいますよね」

スタートの仕方が大事だという恵子の話に進士は深く納得しました。

「個人的には、なぜ俺は自分の意見を言うことに躊躇していたのかもわかったのが収穫です。自分の主張に自信がないのは、聞き手と意見が違うことを恐れていたからだと思います。でも、あくまで俺は俺の立場で意見を述べたというスタンスにすれば、相手と意見が違うことは決しておかしなことではなく、むしろ自然なことだと思えるようになりました。何だか発想が真逆になった感覚です！」

「それはよかったわ！」

「そもそも意見が違うことは当然なんですよね。それなのに、私の持論と部下の意見が違ったときにイライラしていました。その原因は、その部下が私と同じ前提で話をしていると勝手に思い込んでいたからだと思います」

落合はそう言ってジンジャーエールを喉に流し込みます。ふと進士の視線を感じて、落合は顔を上げます。

「落合さん……上司って部下よりも物事を知っているし、経験もありますよね」

「まあ、一般的にはそうかもしれませんね」

「それなら、部下よりも正解、あるいはそれに近いものを知っているはずですよね。それなのに、どうして部下にいちいち意見なんて求めるんですか？」

SCENE 7

なぜあなたは意見を求められるのか

落合が気づいた大切なこと

店内に沈黙が流れます。

「進士さん、痛いところを突いてきますね」

「え？」

「おっしゃる通りです。私は心のどこかで〝自分が一番正しい意見を持っている〟と思い込んでいるんだと思います。でも、もしそうなら、部下に意見を求める必要なんてないですよね。よく考えると矛盾しているのかもしれません」

「……」

「恵子さんがおっしゃった言葉で、一番ハッとさせられたものがあります」

「何かしら？」

「〝本来、意見というものはいろんな可能性を探り、物事をよくするためにすることだからね〟という言葉です」

「あら、そんなこと言ったかしら」

「その通りだなと。部下は私の考えに同調するために意見を言うわけではないですよね」

「……」

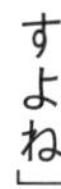
「何でしょうね……私は無意識のうちに、部下に自分と同じ意見を求めていたのかもしれません。部下にも自分の考えと同じことを言ってもらい、私の考えの正当性を認めさせ、その通りに動いてもらいたいと」

「……」

「だから私の考えと違う意見に対して、ついイライラしてしまうのかもしれません。そりゃ誰も私に自分の意見を言おうとはしなくなりますよね。反省しなければと思いました」

「うふふ。落合さん、真面目ねぇ。そんな大袈裟に考える必要はないんじゃないか

しら。でも、数学の世界で大切にしていることがまったく違う世界の人のヒントになったのなら、それはとてもうれしいわ」

「こちらこそ、美味しい飲み物だけではなく大切なものをいただいた気がします」

恵子は何も言わず、微笑みを返しました。

「ただ……進士さんの上司の方は違うかもしれません」

「え？」

「その方はきっと私とは違って優秀な方でしょう。優秀な管理職の方なら、あえて部下に意見を求める理由はほかにあります」

「それは……？」

「上司の言いなりや受け身の姿勢ではなく、自分の考えを持ってほしい。そして、それを臆することなく、はっきり言えるようになってほしい。その結果として自力で成果を上げ、いまの仕事をもっと好きになってほしい。そう思っているんじゃないでしょうか」

「……」

「もしそうだとしたら、いい上司ですね」

その言葉を聞いた進士の脳裏に、一瞬だけ井上の顔が浮かびます。それをかき消すかのように、店の扉が開く音が聞こえました。

「進士、お待たせ～。いっぱい買っちゃった♪」

雑貨屋で買い物を済ませたマヤが店の中に入ってきました。店内にいる全員が一斉に視線を移します。その視線の鋭さと普通のカフェとは違う店内の空気を察し、買い物袋を持ったマヤは進士の表情をうかがいます。進士はひとこと、「おう」とだけ応じました。

Message

「言葉の定義」と「立場の定義」で
自分の意見を述べる環境を整える。
何事もスタートを間違うとすべて間違う。

Start

Definition

COLUMN 2

前提を確認できない現代人

一般的に言えることですが、発言や文章などコミュニケーションで言葉を使う際、そこには必ず前提や発言者の立ち位置というものがあります。

そしてそれを理解しないまま発言を聞いたり文章を読んだりしても、本当の意味で相手の主張を理解することはできないのではないでしょうか。

例えば、SNSでの誰かの発信に対して「正しい・正しくない」を議論（？）したがる人がいます。ときにはそれがケンカやトラブルに発展することも……。

気軽に発信やコメントができるからかもしれませんが、個人的にはあまり有益な行為ではないと思っています。なぜなら、その発信をした本人なりの前提があり、**それがわからない状況では「正しい・正しくない」を論じることなど本来はできるわけがない**からです。

現代人はSNSが大好きです。それ自体は悪いことではありませんが、もう少しだけ前提というものの存在に意識が向くといいなと思っています。

第3章

裏付け

～根拠とは比較である～

違う問題に対峙したときにも
最適な解決方法を選択して
問題を攻略しなければ
ならないわ

「ラスボス」を攻略せよ

マーケティング会社で働くマヤの視点

進士は、マヤのことを恵子と落合に紹介しました。マヤはずいぶんと打ち解けた雰囲気の3人に違和感を持ち、そのことを進士にこっそり伝えます。進士は、この店でこれまで交わされた会話を要約して、マヤに説明しました。

「へぇ、そういうことだったのね。おもしろ〜い」

「うふふ。おしゃべり好きなおばあさんのせいでね（笑）。マヤさん、何になさいますか？」

「あ、じゃあ、アイスレモンティーをお願いします」

マヤは進士が座っている側のテーブルに進み、空いているほうのソファに座りました。

もう一方のテーブルを利用している落合がさっそく話しかけます。

「マヤさん、お仕事は？」

「簡単に言うとマーケティングの支援ですね。学生時代は理系でデータサイエンスを勉強したこともあって、データ活用とかそういう分野の仕事をしています」

「おや、じゃあ、私の仕事内容と似ているかもしれませんね。いまはエンジニアたちをまとめる管理職ですが、最近はマーケティングの領域での仕事を自分の手を動かしてやることも多いんです」

「そうなんですね」

「はい、アイスレモンティーどうぞ」

マヤはコクリと小さくお辞儀をし、ストローで茶色の液体を勢いよく飲み込みます。

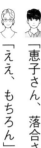

「恵子さん、落合さん、さっきの話の続きをしてもいいですか？」

「ええ、もちろん」

「ぜひ」

マヤはそんな進士の様子を見て、ここまでの会話が進士にとって大切なものだったことを察しました。進士が初対面の相手とこれほど積極的に話したがる姿はあまり記憶になかったからです。

「改めて恵子さんのノートパソコンの図解を見ると、〝前提〟の次が〝主張〟になっていますよね。この〝主張〟は自分の意見を要約したものってことですか？」

「ええ。いわゆる〝結論から言うと〟みたいな枕詞の次に言うことかしらね」

「ここはシンプルですよね。それほど難しいことではない気がします……」

「同感です。ここは相手に納得してもらいたいことをそのまま言えばよいのではないでしょうか。実際、私自身も部下には、そのような説明を求めています」

「お2人の言う通り、この2番目の〝主張〟という塊については考えなければいけないことや難しい技術のようなものは、あまりないように思うわ。つまり、その先にある3番目の塊が極めて重要ということね」

恵子の言葉を聞いたマヤは、改めてノートパソコンで図解を確認します。〝なぜなら〟という矢印をたどった先に、〝根拠〟と書かれた大きな塊が目に入ります。

「根拠かぁ。それ、私の会社でもめちゃくちゃ求められます。根拠もなく〝イケる〟と思います〟とか〝この商品は来年絶対に来ると思います〟みたいな発言をすると、先輩からすっごい怒られるもん」

「……」

「進士もそのあたりのことでモヤモヤしているって、いつだったか言ってたよね」

「ああ。このテーマって、結局、何が難しいかと言うと、そこなんだよな」

「この図解を見ていても、何か〝ラスボス感〟がするしね（笑）」

「恵子さん、もう遠慮なく単刀直入に質問しちゃいます。根拠って、いったいどうやって用意するんですか？」

その言葉を合図に、3人は一斉に恵子の表情をうかがいます。恵子はニッコリと笑い、ノートパソコンの画面にある〝3つ目の塊〟を拡大して見せます（125ページ図）。

「私の仮説は、この図解の通りよ」

「？」

「まず、中身の構造がまったく同じ塊が3つあることに気づくかしら」

「はい」

「じゃあ、一番左の〝根拠1〟に注目して。中身をよく見てみると、これは上と下に分かれていて、それが矢印で接続されている図に見えないかしら」

「見えます。〝裏付け1〟と〝事例1〟と書いてあります」

「つまり〝裏付け〟と〝事例〟という2つの塊が1つの矢印で接続されていると？」

「ええ」

すると進士の中に疑問が浮かびました。ためらうことなく恵子にそれを投げかけます。

根拠とは比較である

「〝裏付け〟ってよく聞く言葉ですけど、正しい意味は何なのでしょうか？　これ

■ 3つ目の塊の「根拠1」に注目する

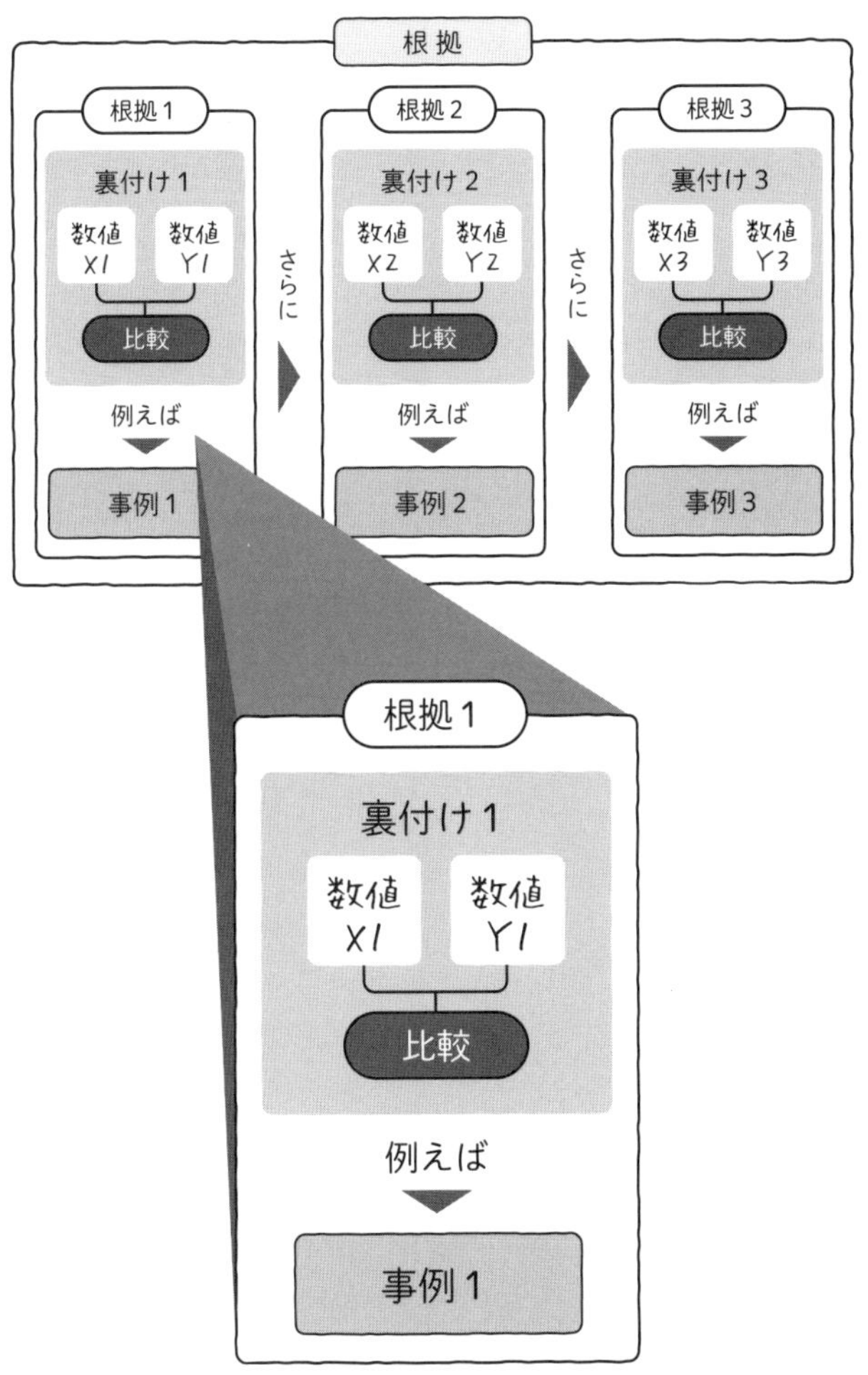

まで、何となくのイメージで使ってきてしまった気がしていて……」

「言葉の定義を確認する姿勢、素晴らしいわ！」

「こういうときこそ、言葉の定義を確認することが大事って学びましたから」

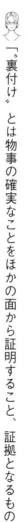

「〝裏付け〟とは物事の確実なことをほかの面から証明すること、証拠となるものや信憑性を証明すること、といったところかしら。進士さん、いまの私の説明で何か気づくことはなかったかしら？」

進士は恵子の言っている意図がわからず、首を小さく傾(かし)げて見せました。

「さっきの私の説明の中で、1つだけ2度使った言葉があったんだけどな」

「？？」

「……〝証明〟って言葉ですか？」

「その通り！　実は〝裏付け〟というものは、とても数学的な概念なの」

「……どういうことですか？」

「〝裏付け〟は証明に必要なものよ。そして、さっきも言ったように数学とは証明

すること。つまり、**数学において〝裏付け〟というものは絶対に必要なものなの**。とても理屈っぽい話でごめんなさい。伝わるかしら？」

「はい。〝裏付け〟の定義も何となくわかった気がします」

進士はグラスを持ってストローを口に近づけ、アイスコーヒーを一口飲み込みました。その動作を合図にマヤも落合もストローに口をつけます。いつの間にか3人のグラスはすっかり汗をかいて水滴がたくさんついています。

「じゃあ、図解にある〝裏付け1〟に注目してほしいの。見ての通り、X1とY1という2つの数値を比較するって意味なんだけど」

「XとかYとかを見ただけで嫌になるかと思ったけど……よく見ればシンプルですね」

「〝裏付け〟というものは、比較を用いてつくるものということなの。そういう意味で、根拠とは比較なのよ」

「比較」なくしてビジネスの会話はできない

数字は比較するために存在する

恵子の〝比較〟という言葉にマヤが反応します。

「たまたま私がデータ活用を仕事にしているからかもしれないですけど、『根拠とは比較』っていう話、とてもしっくりきました」

「どういうこと？」

「そうだなぁ……例えば、ある会社で新製品を発売したとするでしょ。その新製品の売れ行きが好調であると説明するためには、それを裏付ける情報がいるじゃない？」

「それなら、売れ行きの初速がよいことを数字で示したりすればいいんじゃないか？」

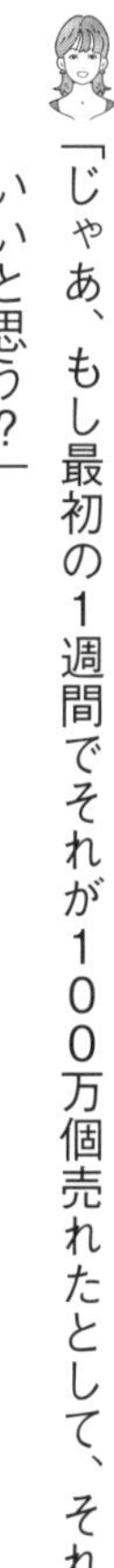

「じゃあ、もし最初の1週間でそれが100万個売れたとして、それだけの情報でいいと思う？」

「いや。例えば、ほかの新製品の数字とか、競合他社の新製品の売れ行きなどと比べ……」

ハッとした進士は、「そういうことですか？」と言わんばかりに恵子の表情をうかがいます。ニッコリと笑うその表情が「ＹＥＳ」を表現しています。

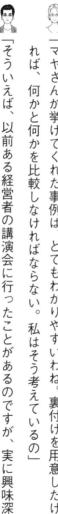

「マヤさんが挙げてくれた事例は、とてもわかりやすいわね。裏付けを用意したければ、何かと何かを比較しなければならない。私はそう考えているの」

「そういえば、以前ある経営者の講演会に行ったことがあるのですが、実に興味深いことをおっしゃっていたんです」

「どんなことですか？」

「比較のない会話はビジネスの会話ではない。確か、そうおっしゃっていました。私自身はあまりそのことを自覚していなかったのですが、言われてみればその通りだなと思ったものです」

進士が少し戸惑った表情を見せました。わかるような、わからないような。例えばどういうことなのか、何かほかにも具体例がほしいなと直感的に思っていました。すると、それを察した恵子が進士に問いかけます。

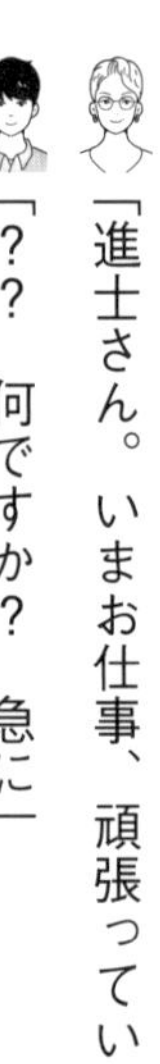

「進士さん。いまお仕事、頑張っている？」

「？？　何ですか？　急に」

「いいからいいから。いまお仕事、頑張っている？」

「は、はい。もちろんそのつもりですけど」

「じゃあ、その根拠は？」

進士にとって嫌な感覚が蘇ります。仕事をしていて頻繁に起こる、このような問答が苦手なのです。ふと、マヤの表情をうかがうと、何かを言いたそうにしています。進士は目線で「言ってみてよ」とメッセージを送ります。

「例えば、進士は去年と比べて頑張っているのか、それとも同僚と比べて頑張っているのか、あるいは上司の期待に比べて頑張っているのか……を言語化することが必要なんじゃない？」

「なるほど……その3つから選ぶなら、〝去年と比べて頑張っている〟かな。でもこれだけで根拠とは言えないよな……だから数値なのか」

「と思うのよね」

「去年よりも今年のほうが頑張っている。確かに比較はしているけれど、これだけでは納得してもらえない。去年の何かと今年の何かを数値で比較して、初めてそれが裏付けになるってことか」

「仕事でデータ活用をする場面が多い私にとっても共感する話です。ビジネスシーンでは相手から根拠が求められる場面がたくさんありますが、その根拠の裏付けとなるものはたいてい数値を比較することで用意できます。ビジネスシーンでは常に相手から数値の比較を求められるということでもあるのですね」

恵子が楽しそうに紙にペンを走らせています。手を止めた恵子は満足気にその紙を3人に見せます（133ページ図）。

「何ですか、これ？　特に最後に書いてあるQ.E.Dって……？」

「それはさっき教えてもらったよ。〝以上で証明を終わります、正しいことが示されました〟っていう意味らしい」

「あ！　何か大学の授業で教授が言っていたかもしれない！　数学の作法だって」

恵子が笑顔で頷きます。

これが数学である

「ここまでのみなさんのお話、実に素晴らしかったわ！　何だか楽しくなってきちゃって、私なりに整理してみたのよ♪」

「【問題】と【証明】とありますね……」

「ええ。【問題】とは、つまり落合さんが講演会で聞いた言葉が正しいかどうかを証明すること。【証明】については順を追って説明するわね。まず、ビジネスコミュニケーションは常に根拠が求められるという発言がみなさんからあったので、これを①とするわ」

■「比較のない会話」について証明する

【問題】

「比較のない会話はビジネスの会話ではない」が正しいことを証明せよ

【証明】

①ビジネスコミュニケーション＝常に根拠が求められる
②根拠＝比較（特に数値の比較）

①②より、

③ビジネスコミュニケーション＝常に比較が求められる

よって③より、

「比較のない会話はビジネスの会話ではない」は正しい

Q.E.D

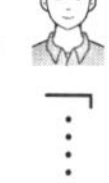

「……」

「次に、根拠とは比較であるという私の主張だけど、みなさんの対話はそれを正しいとしてよいとおっしゃっているように感じたんだけど、どうかしら？」

「はい、正しいと思いました」

「じゃあ、それを②とするわね。すると、①と②から何が言えるかというと……」

「ビジネスコミュニケーションには常に比較が求められる」

「ええ。その内容もまた正しいと言ってよいことになるわ。それは言い方を変えれば、つまり……」

「〝比較のない会話はビジネスの会話ではない〟というある経営者の言葉もまた真実である」

「以上、証明終わり。これが数学をするってことなのよ、うふふ」

「何となく覚えている感覚的なものですけど、数学の証明問題って確かにこんな感じだった気がします。恵子さんがおっしゃるように、数学って計算することじゃなかったんですね……」

「このテーマもそうですが、普段から当たり前と思っていることでも改めて証明すると腹落ちできてスッキリしますね」

「私もちょっと、その感覚わかります」

「なんだか喉が乾いちゃったわ。私も何か飲もうかしら♪」

上機嫌な恵子はついに鼻歌を歌い始め、店の奥からコーラの瓶を持ってきてグラスに注いでいます。「飲むものまでお若い感じですね」という進士の言葉に、恵子の鼻歌は音量が大きくなりました。

SCENE 3

「カネ・ジカン・ヒト」という数値

経営者が会話で使う言葉

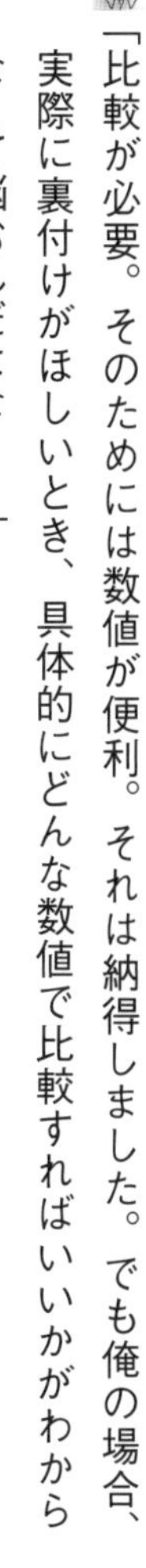

「比較が必要。そのためには数値が便利。それは納得しました。でも俺の場合、実際に裏付けがほしいとき、具体的にどんな数値で比較すればいいかがわからなくて悩むんだよな……」

「わかる〜」

「ケースバイケースということのような気もしますが、それで片づけてしまうのは結論として、ちょっと物足りない気もしますね」

「実は、そこについて私なりに分析した結果があるの！」

3人が一斉に恵子の顔を見ます。

「恵子さんはまるで、この話の展開が事前に予想できているかのようですね」

「そんなことないわよ、うふふ」

「恵子さんの分析結果、とても興味あります♪」

恵子はテーブルの上に置いてあったノートパソコンを持ち上げ、操作をしながら話を続けます。

「比較のない会話はビジネスの会話ではない。もしそうだとするなら、実際にビジネスの会話をたくさんする人は、どんな比較を使って会話をするのかしらと思ったの。それはつまり、どんな数値を使って会話をするのかということでもあるわ」

「なるほど」

「そこで私の中にある問いが浮かんだの。ビジネスの会話をたくさんする人ってどんな人かって。私の答えは経営者。誰よりもビジネスのことを考え、ビジネスのことを語る人だと思うの。この点について、みなさんはどう思うかしら？」

■ 経営者が会話で使う数値 TOP 3

第1位	カネ（金）	例	売上・営業利益（率）・固定費・変動費・投資額・回収額・損益分岐点　etc.
第2位	ジカン（時間）	例	労働時間・営業時間・未来予測・タイムパフォーマンス（率）　etc.
第3位	ヒト（人）	例	従業員数・顧客数・リピート数（率）・会員数・労働生産性　etc.

「まあ、その通りかもしれません」

「私も同感です」

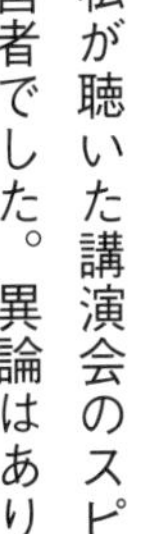

「私が聴いた講演会のスピーカーも、まさに経営者でした。異論はありません」

恵子は手を止め、ノートパソコンの画面を3人に見せます。その画面には先ほどまでの図解とは違うものが映っています（上図）。

「これまで述べ50人程度の有名な経営者のインタビュー映像を観たり、インターネットの記事や著書などを徹底的に読み込んだの。そして、その中で表現されていた数値をすべてピックアップしてみたわ」

「すごいですね……」

「彼らがどんな数値を使って自分のビジネスを

語っていたか。集計し大きく分類した結果が、これなのよ。結論としては、カネ・ジカン・ヒトってことかしら」

「カネ・ジカン・ヒト……第1位がお金に関する数値ってことですね」

「ええ。これはビジネスパーソンのみなさんにとって、しっくりくる結果じゃないかしら？　実際のところ圧倒的に多かったわ」

「ええ、とても納得感があります」

「どんな数値を用意すれば？」の答え

「第2位はジカンに関すること。従業員のタイムマネジメントに関することとか。あとは5年後とか10年後といった未来に関することもよく話すわね。これもある意味では、ジカンという数値と考えられるわ」

「私の周りでも〝タイパ〟なんて言葉が流行っているくらいだから、これも納得の結果です」

「タイパ……？」

「あ。ここに書いてあるタイムパフォーマンスの略です。コストパフォーマンス

をコスパと略すのと同じですね」

「なるほど、勉強になります」

「第3位は人に関すること。例えばリピーター。これは顧客というヒトに紐づく概念と考えたわ。労働生産性とは従業員1人当たりの付加価値額を言い、付加価値額を従業員数で割り算したものよ。カネという数値も使われるけれど、いったん、ここはヒトという数値に分類したわ」

3人は改めて画面を見つめます。

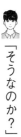

「個人的な感想ですが、この調査結果にはとても納得感があります。ビジネスはどんな業界であろうと例外なく、お金と時間と人を使い、お金を生み出す営みであると思います。そういう意味で、当然の結果と言えるのかもしれません」

「というか、ビジネスで使う数値って、この3つ以外にはほとんどないんじゃないかなぁ。よ～く考えてみると、私の仕事で扱っている膨大なデータや指標も、大きく分類すると、この3つのどれかに入るもん」

「そうなのか？」

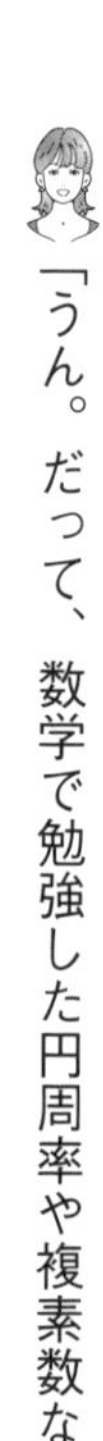

「うん。だって、数学で勉強した円周率や複素数なんて数は使わないし（笑）」

「ということは、経営者でない俺たちでも、仕事で使う数値ってのは事実上、この3種類ってことか」

「もしこの調査結果がみなさんのこれまでの経験や持っている感覚と違和感がないなら、私としても実態を正しく捉えている可能性が高いと判断できるわ」

恵子の言葉に3人とも頷くと再び店の電話が鳴り、恵子がその場を離れます。

「ということは、進士さんのさっきの質問、〝ビジネスパーソンが裏付けをほしがるとき、どんな数値で比較すればよいか〟の答えも出たことになりますね」

「え？」

「〝裏付け〟というものは、この3種類の数値のどれかで比較することで用意するってことです」

「そっか」

進士は奥で電話をしている恵子が「カルロス」と言った気がしました。外国の人の名前でしょうか。大きな声で楽しそうに話す声が聞こえてきます。３人は話をいったん止めて、飲み物に口をつけることにします。間もなく電話を終えた恵子が戻ってきました。

「友達が近くに来ているらしくて、このあと店に顔を出してくれるって」

「私たちがお店にいて大丈夫ですか？」

「大丈夫よ！　むしろ楽しそうだねって言っていたから。どうやら、もう１人メンバーが増えそうね。今日は本当に楽しい１日だわ♪」

進士は恵子の楽しそうな表情を見て、これほど感情を素直に表現するメンタリティを少しだけ羨ましく思いました。一方の進士は、これまでの人生ではあまり目立つことをせず、本当に信頼できる人以外には喜怒哀楽をできるだけ表現しないことを選択してきました。ある意味では、真逆の姿勢で人とコミュニケーションを図る恵子。どのようにして、そこにたどり着いたのか、少しずつ興味が湧いてきました。

しかし、いまはそのことを尋ねるタイミングではないと直感的に思い、まずは解消したい疑問を先に話題にすることにします。

「アシスタントを1名採用する」を実現させた話

やっぱり「1－3－2」が使える

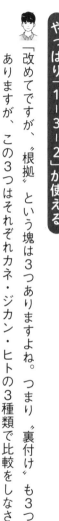

「改めてですが、〝根拠〟という塊は3つありますよね。つまり〝裏付け〟も3つありますが、この3つはそれぞれカネ・ジカン・ヒトの3種類で比較をしなさいって意味ですか？」

「あ、それは私も思った」

「もちろん、そういう考え方で3つの根拠を用意してもいいと思うわ」

「もしかしたら、ウチの会社であった事例が、この話題に当てはまるかもしれません。ご紹介してもいいでしょうか」

「まあ、うれしい。ぜひ聞きたいわ」

「ちょっと紙とペンをお借りできますか。せっかくなので図解に挑戦します」

恵子は、Ａ４の紙とペンを落合に渡します。どうやら落合は説明しながら、それを紙に図解で表現するようです（１４５ページ図）。

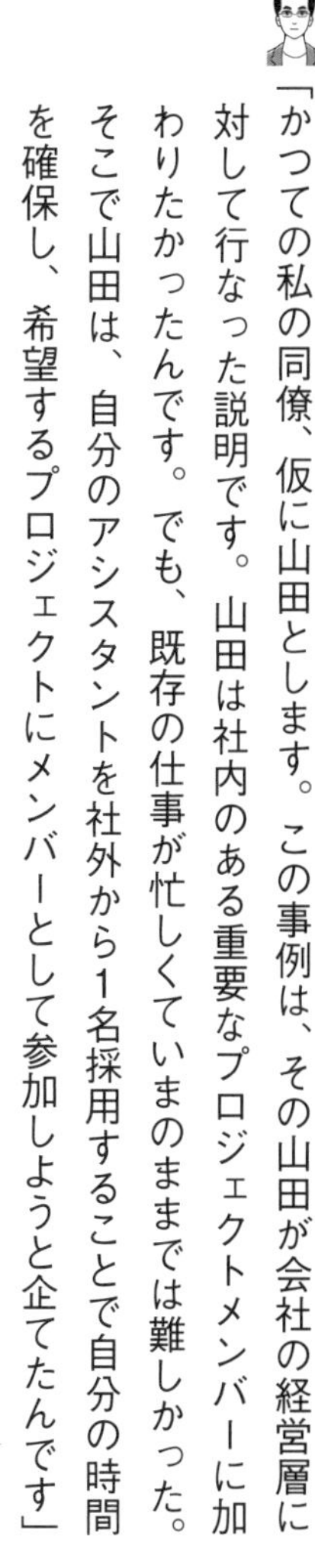

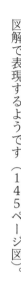

「かつての私の同僚、仮に山田とします。この事例は、その山田が会社の経営層に対して行なった説明です。山田は社内のある重要なプロジェクトメンバーに加わりたかったんです。でも、既存の仕事が忙しくていまのままでは難しかった。そこで山田は、自分のアシスタントを社外から1名採用することで自分の時間を確保し、希望するプロジェクトにメンバーとして参加しようと企てたんです」

「ウチの会社にもありそうなシチュエーションです」

「山田に採用の権限はなかったので、この内容を自分の意見として経営層に伝える必要がありました」

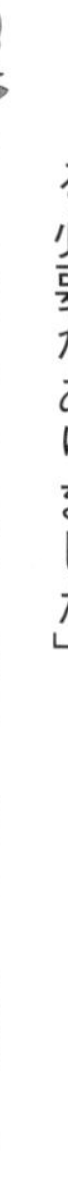

「それって、やっぱり根拠を揃える必要がありますよね」

「それまではこのプロジェクトを担当しているのは5人でした。担当者たちが不慣れなこともあり、進行が遅れていたんです。先ほども説明しましたが、もし山田の仕事に時間の余裕が生まれ、このプロジェクトに参画できれば、それまでは

5名しかいなかったメンバーが事実上6名に増えます」

「1名増加、つまりヒトの比較ですね」

「ええ。そして単に1名増えると訴えるのではなく、その案件にどれくらいの時間を割けるのかもざっくり数値化して説明しました。確か私の記憶では、短い一定期間に合計100時間から120時間に増やせると説明していたはずです」

「20％増加。ジカンの比較ですね」

「そして最後に、稼働時間の20％増加は会社の収益にどれくらい影響するのかをざっくり数値化して説明しました。山田がこのプロジェクトに参加しなければおそらく1億円程度の収益止まりだが、山田が参画し力を発揮すればまったく違う結果が得られる可能性が高く、それはざっくり見積もるとプラス1億円程度の差になるインパクトだと説明したんです」

「最後にカネの比較をしたんですね」

「ええ。もちろん、山田がこの案件に必要な経験やスキルを備えていること、そしてアシスタントを1名採用することの人件費や育成コストも加味してですが」

「なるほど〜」

■ 山田の主張と根拠

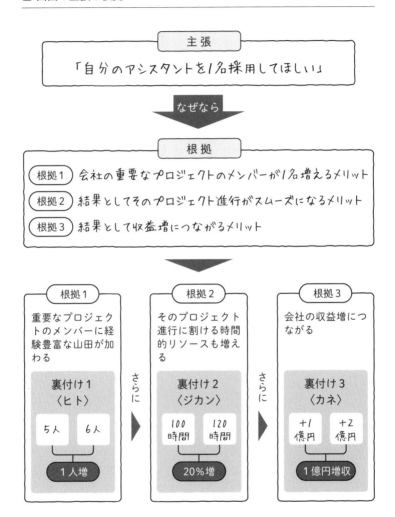

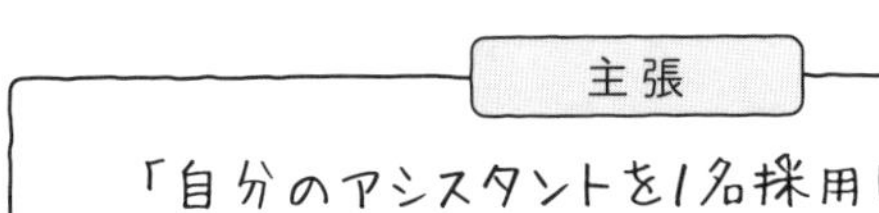
主張
「自分のアシスタントを1名採用してほしい」
なぜなら
根拠
根拠1 会社の重要なプロジェクトのメンバーが1名増えるメリット
根拠2 結果としてそのプロジェクト進行がスムーズになるメリット
根拠3 結果として収益増につながるメリット

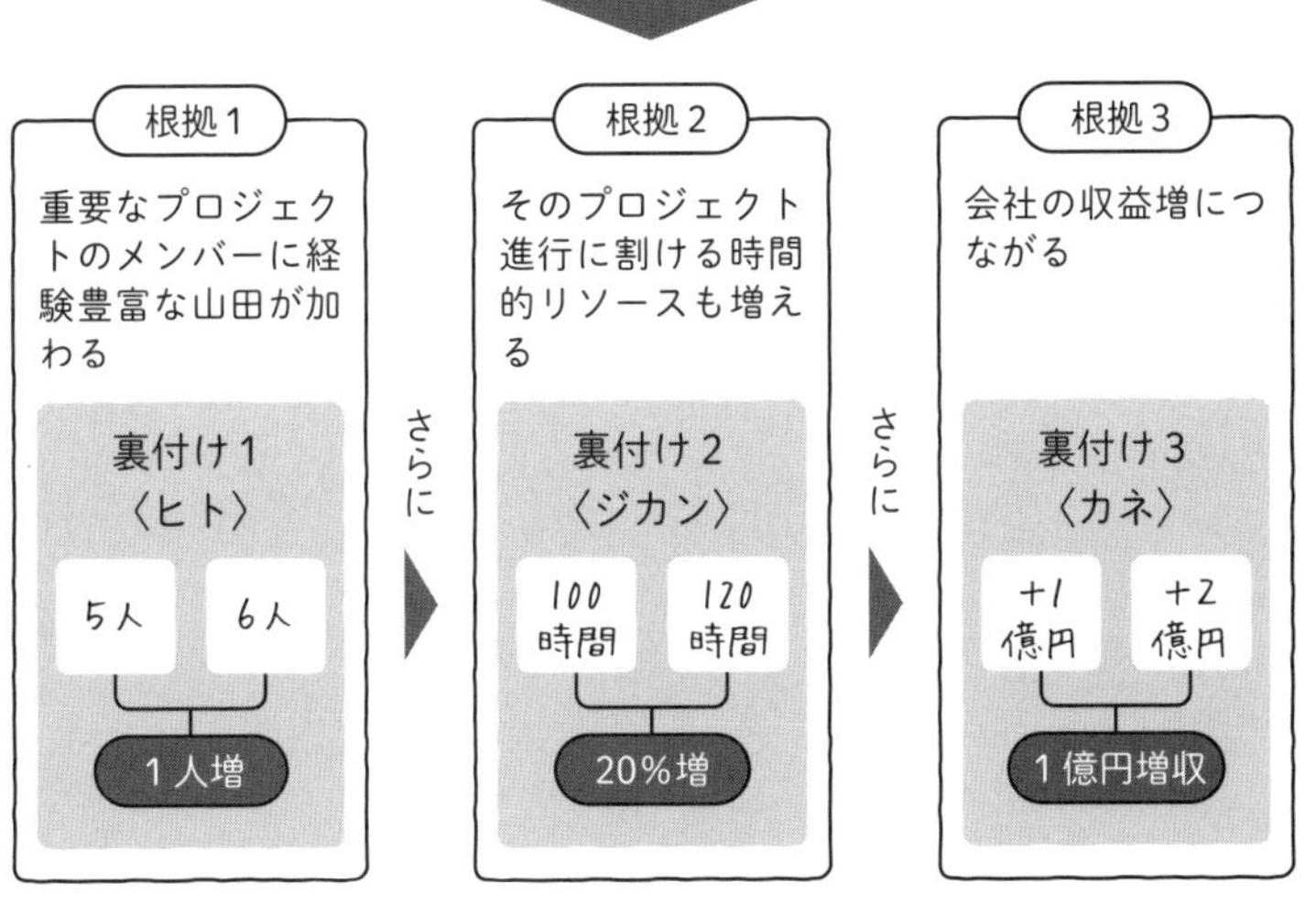
根拠1
重要なプロジェクトのメンバーに経験豊富な山田が加わる
裏付け1
〈ヒト〉
5人
6人
1人増
さらに
根拠2
そのプロジェクト進行に割ける時間的リソースも増える
裏付け2
〈ジカン〉
100時間
120時間
20%増
さらに
根拠3
会社の収益増につながる
裏付け3
〈カネ〉
+1億円
+2億円
1億円増収

「このようにカネ・ジカン・ヒトの3つで比較をすることで根拠を揃え、山田は自分のアシスタントを1名採用することが経営的にも妥当だと主張したんです」

落合の手が止まり、その内容が紙の上で図解されていました。それはまさに塊と矢印で表現されており、恵子も含めた4人はしばらく黙ってその図解を確認しています。

「ヒト↓ジカン↓カネ」というつなげ方

「根拠を述べるって、まさにこういうことですよね……」

「もちろん、この事例の数値はざっくりしたもので、AIのような機械が緻密な計算で導き出したものではありません。でも、どれくらいのインパクトになるのかは経営層にも十分に伝わりました。結果としてこのコミュニケーションをきっかけに、経営層はアシスタント採用を進めるGOサインを出したそうです」

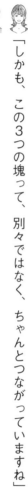

「しかも、この3つの塊って、別々ではなく、ちゃんとつながっていますね」

「つながっている？」

「この山田さんの主張って、ヒトの比較をすることでそれをジカンの比較につなげ、ジカンの比較を金額換算してカネの話に落とし込んだ感じがするんだよね」

「おっしゃる通りです。３つがつながっている。矢印は接続詞ですからね」

「さっき進士さんも言ったけれど、ビジネスパーソンが根拠を述べるって、まさにこういうことなのかしら？」

「俺は、落合さんとはまったく違う業界にいますが、率直にそう思いました」

「恵子さんの分析結果がカネ・ジカン・ヒトだったのは、必然かもしれないなぁ」

「ただ……」

「？」

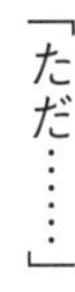
「このカネ・ジカン・ヒトですべて攻略できるか、このパターンが必ず当てはまるかと言うと、ちょっと違う場面もありそうな気がするんですよね……」

恵子は左手の親指と中指をパチンと鳴らし、「そこよ！」と大きな声を出しました。

SCENE

5

3要素に分解するトレーニング

臨機応変にできるようになるために

恵子がした突然の〝指鳴らし〟に3人は戸惑います。

「どんな場面でも根拠を語るときの3つの塊はカネ・ジカン・ヒトでよいとするなら、ある意味、とても簡単なことよね。でも、現実はそんな単純ではなく、やはりケースバイケースで3つの塊を用意する必要があるんじゃないかしら」

「そう思います」

「そういうケースバイケースの状況で臨機応変にできるといいですよね～」

「臨機応変にできる。そのために必要なことはたった1つしかないわ」

「？」

「トレーニングよ。数学もそうだけど、常にまったく同じ問題を解くわけではないの。違う問題に対峙したときにも最適な解決方法を選択して問題を攻略しなければならないわ。そのためにはトレーニングをしておく必要があるの。教育機関での授業などで演習問題を解く時間があるでしょ？　あれこそ、まさにトレーニングね」

「何となく、おっしゃることはわかります」

「つまり……ケースバイケースの状況で3つの根拠を用意できるようになるためには、我われも普段からトレーニングが必要ということですね」

恵子は再び指で「パチン」と音を鳴らし、「その通りよ！」と満足げに答えます。

「それって、どんなトレーニングですか？」

「マヤさん、試しにいまからやってみましょうか」

「え？」

「例えば、マヤさんはマーケティングのお仕事をされているとおっしゃっていたけれど、マーケティングを語るときに絶対に必要な要素を3つ挙げろと言われたら、どんな3つになるのかしら?」

マヤは店の天井を見つめてしばらく黙っています。マヤは考え事をするときには、宙を見て黙り込むクセがあります。そのことを知っている進士は、黙ってマヤの答えを待つことにします。

「やっぱり市場(Customer)・競合(Competitor)・自社(Company)でしょうか。これらの頭文字をとって3Cと言います。有名なマーケティングのフレームワークですけど」

「なるほど。じゃあ、次は落合さんに質問ね」

「はい」

「人間が生きていくのに絶対に必要な要素を3つ挙げろと言われたら、どんな3つになるのかしら?」

落合は唐突な恵子の質問に戸惑いつつ、窓の外に視線を向けて考え始めます。やはり、落合は考えるときに遠くを見つめるクセがあるなと恵子は確信しました。

「こんなシンプルな答えでいいのかわかりませんが、例えば、衣・食・住でしょうか。人間が生きていくためには必須かと」

「じゃあ、次は進士さんね。マヤさんとのデートに使えるお店に絶対に必要な要素を3つ挙げろと言われたら、どんな3つになるのかしら？」

「え？　デートですか？」

戸惑う進士を見て、マヤがニコニコしながら答えを待っています。

「そうですね……3つに絞るなら、店の雰囲気・接客・味でしょうか」

「3つ挙げろと言われたら」ゲーム

落合は恵子が重ねる質問から、そのメッセージを汲み取っていました。テーブルの上にある紙の空いているスペースにメモを取りながら話し始めます。

「なるほど。おそらく恵子さんのした質問の意図はこうですね。その物事がどんな3要素で成り立っているかを考えるトレーニングを普段からしておくことが必要だと」

「ええ。しかも、1つでも欠けたら、それは成り立たないと断言できるような3つを選ぶことが大事なの」

「どういうことですか？」

「マヤさんにマーケティングに絶対に必要な3要素を答えてもらったけれど、あの3Cのうち、どれか1つでも欠けたら、マーケティングという仕事はうまくいかないのではないかしら？」

「はい。だからこのフレームワークは有名なんだと思います」

「私が答えた衣・食・住も同じですね。どれか1つでも欠けたら、人間は生きていけない」

「進士さんが答えた店の雰囲気・接客・味も同じよね。どれか1つでもNGなお店は、マヤさんをデートに連れて行きたくないわよね」

「まあ、そうですね……何だか恥ずかしいな……」

■ 3要素に分解するトレーニング

・マーケティング

市場 (Customer)	競合 (Competitor)	自社 (Company)

・人間が生きていくために必要なもの

衣	食	住

・デートに使えるお店

店の雰囲気	接客	味

3つのうち
どれか1つが欠けても
成り立たない!

「つまり、こういうことですね」

落合は紙に書いたメモを3人に見せました(上図)。進士はそれをじっくり眺め、ようやく恵子が言った「トレーニング」の意味を理解しました。そして少し前に説明された恵子の価値観を思い出します。

余計な要素があってはいけない。だからと言って、これ以上は要素を少なくできない。そのギリギリの状態、つまり最短距離で物事を説明することがよいとされる。それが数学という学問でした。進士は感覚的に、その話とこの一連のトレーニングがつながっている気がしていました。

「落合さんの書いた図解を見て思ったんですけど、これをサンプルにすれ

ば日常でいくらでも同じような問題をつくってトレーニングができますね」

「でしょ！　さっそく進士さんに出題してみたらどう？」

「はい！　じゃあ、たまにファッション系の動画やSNSをチェックしている進士が考えやすい問題にしようかな。例えば、進士がもしフラッと入ったアパレルショップで服を買うとしたら、そのための3要素って何？」

「おお、それは考えやすいテーマだな」

進士はアイスコーヒーの入ったグラスをじっと見つめ、頭の中で答えを構築していきます。気づけば、残りが3分の1程度の量にまで減っていました。

「まずは色かな。基本的に鮮やかな色は苦手で、主張のないナチュラル系の色を選びたい。次にシルエット。あまりピタッとした服は苦手だな。ゆったりしていてダボっと着れるほうが楽でいいね。最後はやっぱり値段かなぁ。お金をかけないでオシャレっぽく見せられるのが本当のオシャレだと思うから。逆に高い服はあまり買わないかも」

「つまり、その3つのうち1つでもNGがあった場合、その服は……」

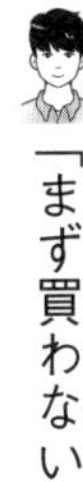
「まず買わないな」

「……みたいなことですよね、恵子さん？」

恵子は大きく頷きます。確かに普段から、このようなことを考えるクセをつけておけば、いざビジネスシーンで何かを主張しなければならない場面で、その根拠に使う3つの要素（塊）を選択することに役立つかもしれません。

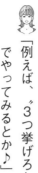

「こういうのを日常の何気ないスキマ時間で考えるのがいいかもしれませんね」

「例えば、〝3つ挙げろと言われたらゲーム〟みたいな感じで、楽しくゲーム感覚でやってみるとか♪」

「あ、それなら、俺もやってみようと思えるかも」

恵子は再び大きく頷きました。

「DX」〜何でもデータで残る時代に必要なこと〜

実演、再び

すると落合が進士に話しかけます。

「進士さん、もしよかったら、また〝実演〟をしてみませんか？」

「え？」

「実演って何ですか？」

落合はマヤがこの店に来る前に、進士がコンビニの新商品をテーマにした「実演」をしたことを手短に説明しました。

「へぇ〜そんなことやっていたの？」

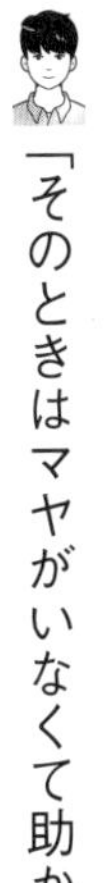
「そのときはマヤがいなくて助かったと思ったよ……（苦笑）」

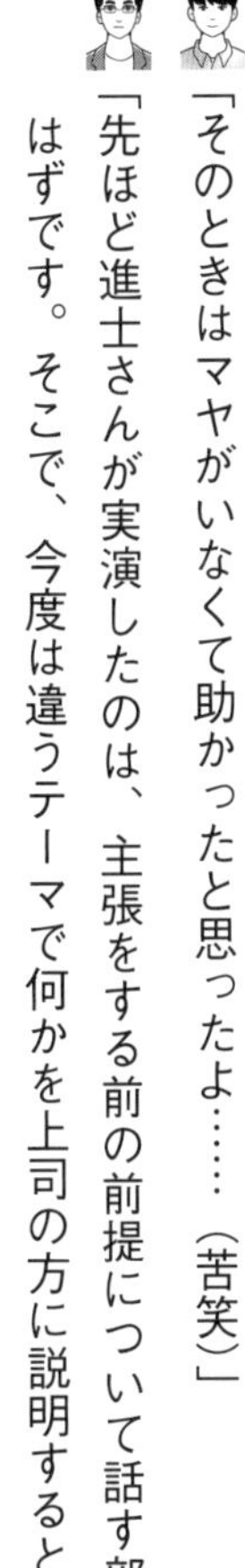
「先ほど進士さんが実演したのは、主張をする前の前提について話す部分だったはずです。そこで、今度は違うテーマで何かを上司の方に説明すると仮定して、根拠の部分をどう話すか練習してみてはどうでしょう。先ほども実際にやってみて気づいたことがあったじゃないですか」

「落合さん、余計なことを……」

進士は苦笑いしつつ、ここまで来たら、やらないほうが損だとも思っていました。うまく話せなくて失敗しても誰も笑わない状況。これを活かさない手はないとも思いました。

「わかりました」

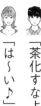

「進士が仕事の話をするのって実は聞いたことないから、何か新鮮かも♪」

「茶化すなよ」

「は～い♪」

進士は実演のテーマを「3か月後の大規模なキャンペーンでどれを注力商品にするか」とすることにしました。そんな会話を上司の井上と実際にしそうな予感がすること。そして、進士の中ではっきりと〝カスタードたっぷりシュークリーム〟という考えがあることがこのテーマを選んだ理由です。

「よし、じゃあ、実際に説明してみますね。落合さんが俺の上司のつもりで話してみますので、よろしくお願いします。ちなみに具体的なデータとかは、いま手元にないので、そのような数値は用意されていると仮定してもいいですか？」

「わかりました」

ふうと一息ついて、進士は頭の中で組み立てた根拠を話してみることにします。

相手は「それって本当か？」と思いながら聞く

「では、始めます。えっと、キャンペーンの注力商品をどれにするかという件ですが、俺は〝カスタードたっぷりシュークリーム〟がいいと思っています」

「そうなんですね。根拠はありますか？」

進士は再びふうと一息つきます。ここが、しっかり説明できるかどうかの分かれ目です。頭の中で〝1―3―2〟をしっかり描き、それを言葉にしてみます。

「根拠は3つあります。まず1つ目ですが、ウチの会社において、この半年でカスタードたっぷりシュークリームが最も高い売上シェアを叩き出しており、はっきりと〝売れています！〟という表現で訴求できることです」

「なるほど」

「2つ目は、あるアンケート調査の結果です。30代前半の女性会社員が仕事後のご褒美として食べたいものの第1位がシュークリームでした。今回のキャンペーンのメインターゲットもまさに、その属性です」

「ほぉ……」

「3つ目は……」

「？」

「3つ目は、俺がこれまで企画に関わった商品の中で、一番美味しいと家族が言ってくれた商品なんです。何ていうか……個人的に思い入れがあるので」

「……」

「以上より、俺は〝カスタードたっぷりシュークリーム〟がいいと思っています」

実演を終えた進士を、恵子は大きな拍手で讃えました。

「素晴らしいわ！　ちゃんと根拠を〝1－3－2〟で説明していたじゃない！」

「ありがとうございます。あの、上司役として聞いてくださった落合さんの感想もお聞きしたいのですが……」

「恵子さんと同じ感想です。一方で、もし売上シェアやアンケート調査の結果の数値がなかったら、この意見に信憑性を感じることができないとも思いました」

「私も実際に聞いていてそう思ったかな」

「実は話している俺自身もそんな感覚になったよ。何て言うか、相手は〝それって本当か？〟と疑いながら聞くことになるよなって」

進士は、社内で「DX推進」という言葉が飛び交っていることを思い出しました。デジタル技術を駆使することで価値創造できる組織に変革すること。そうなれば、さまざまなものがデータで記録できるようになり、すぐにそのデータを確認してコミュニケーションを図り、意思決定していく人材が求められること。社内で開催されたDX研修の講師が、そんなことを言っていたのを思い出します。

「正直に言えば、これまでは誰かに意見を伝えるときに数値を入れる必要性を感じていなかったんです。でも、いまのように実演をしてみると、なぜ必要なのかがわかりますね」

「これまでいくら私が『DX時代だからデータを』って話をしても、進士は全然興味を持ってくれなかったもんね」

「ごめんごめん（苦笑）。でも、これからは自分の仕事に関係するデータに興味を持ってみようかな。ウチの会社に、どんなデータがあるのか確認してみるよ」

「これからの時代、どれだけ仕事に必要なデータを手元にストックしておけるかが大事かもね」

「実演」がもたらすもの

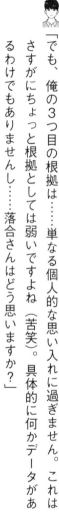

「数値だけ」よりも伝わる

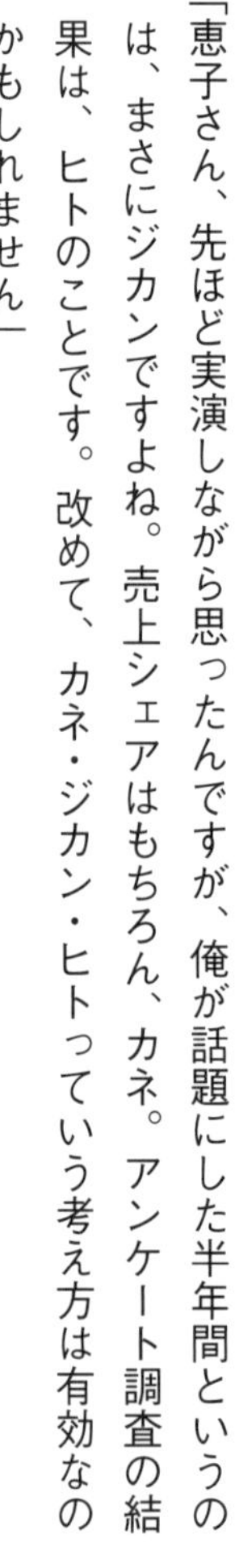

「恵子さん、先ほど実演しながら思ったんですが、俺が話題にした半年間というのは、まさにジカンですよね。売上シェアはもちろん、カネ。アンケート調査の結果は、ヒトのことです。改めて、カネ・ジカン・ヒトっていう考え方は有効なのかもしれません」

「うふふ、よく気づいたわね」

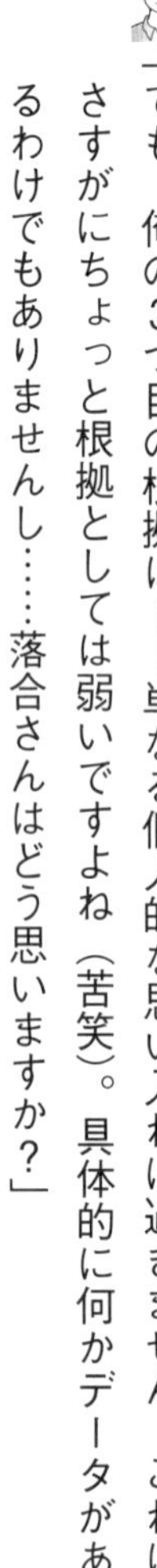

「でも、俺の3つ目の根拠は……単なる個人的な思い入れに過ぎません。これはさすがにちょっと根拠としては弱いですよね（苦笑）。具体的に何かデータがあるわけでもありませんし……落合さんはどう思いますか？」

「そうですね……でも、人は数値だけで行動を決めたり意思を持ったりするわけではないですよね。個人的な思い入れ、結構ではありませんか。根拠が3つもあ

るなら、そのうち1つくらいはアリだと思いましたよ。そういう意味でも、やはり合計3つは根拠を用意することを基本にしたいですね」

「私もそう思ったかな。それに……3つ目の根拠が何か一番、リアルな感じがしたよ」

「?」

「まあ簡単に言えば、進士っぽくて伝わったってことかな!」

「それ……褒めてる?」

4人は小さく笑います。落合とマヤの意外なフィードバックに、進士はようやく緊張から解放された気がしました。

「ところで進士さん、この実演で使った3つの根拠は、さっきのトレーニングの感覚で選んだものなのかしら?」

「そうです。キャンペーンの注力商品に絶対に欠かせない要素を3つ挙げるとしたら何かなと考えたんです。それは実績・対象者・思いの3つだと考えました」

「興味深いわ。詳しく聞かせて」

「キャンペーンの注力商品というのは、いわばウチの会社にとっての代表選手を選ぶようなものです。だから、まず何よりも実績は重要だと思います。さらにキャンペーンを企画する以上、失敗は絶対に許されません。だから、具体的に誰に刺さる企画にするのかをはっきりさせることが大事だと思います。でも一方で、キャンペーンって、それなりのコストや労力がかかります。かなりパワーの要る仕事なんですよね。だから、その商品に思い入れがないと、なかなか仕事が進まないような気がするんです。所詮、人間は好き嫌いで動く生き物だと俺は思っているので」

「……」

「この3つのどれか1つでも欠けている商品をキャンペーンの注力商品にするのは、とても危険だと思います。だから……」

「うれしいわ！」

一瞬、進士には恵子が言ったことの意味がわかりませんでした。その意味を問うように、進士は恵子の言葉を待つことにします。

「私には専門外のテーマだから、実際に進士さんの意見が正しいのかはわからないわ。でも、進士さんのお話は客観的にとても説得力があると思ったの。私の分析したことや仮説を聞いて、それを実演という形で見せてくれた結果、このような素晴らしい答えを示してくれた。私はいま、とても感動しているのよ」

「そんな大袈裟ですよ（笑）。恵子さんの研究内容がわかりすく実践しやすいだけですから」

「私も20年近くビジネスの世界で闘ってきた人間です。そんな私の感覚がどれほどお役に立てるかはわかりませんが、恵子さんのさまざまな仮説は、ビジネスコミュニケーションの実態をかなり正しく捉えていると思います」

「まあ、励みになるわ！　本格的に論文か書籍にでもしようかしら」

そんなものが世に出るなら、ぜひ読んでみたいと進士は思いました。そのことを告げようとした瞬間、店の扉が開いて1人の男性が入ってきました。

「ハロー！　恵子、元気だった？」

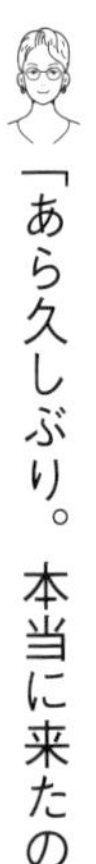

「あら久しぶり。本当に来たのね！」

パーマのかかった長髪にサングラスをかけ、Tシャツにショートパンツというラフなスタイル。年齢はおそらく30代と思われる、その男性は恵子のもとに近づき、右手を差し出します。恵子は握手で応じ、「元気そうね、カルロス」と言いました。

「おう、相変わらずこんな感じよ、ハハハ。イタリアのミラノ以来だな」

恵子とはずいぶん年齢が離れているように見えるその男性を見て、進士は直感的に「俺の苦手そうなタイプの人だな」と思いました。

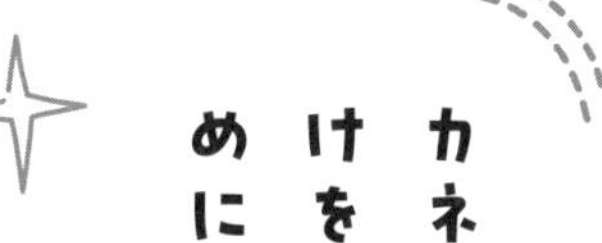

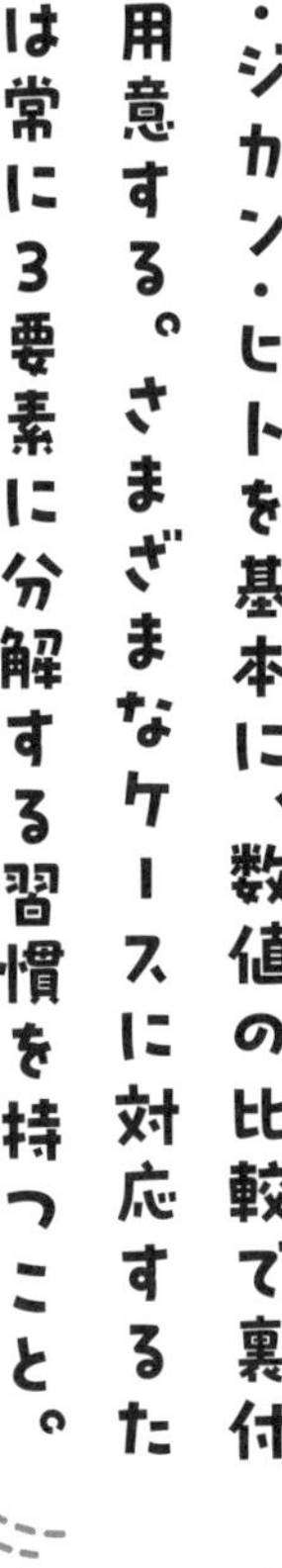

カネ・ジカン・ヒトを基本に、数値の比較で裏付けを用意する。さまざまなケースに対応するためには常に3要素に分解する習慣を持つこと。

COLUMN 3

「比べること」について

自分に自信のない人が増えていると聞きました。ある専門家に話をうかがったところ、「常に誰かと比較してしまうことが原因では？」というコメントがあり、なるほどと納得します。「あなたはあなた。ほかの誰かと比較することに意味はない」といった類のメッセージは素敵だと私も思います。

一方で、ビジネスという文脈においてはどうでしょう。本章で進士や恵子たちが対話をしたように、**私たちビジネスパーソンは比較することから逃れられません。**自分の会社と競合他社を、ときには自分自身と同僚を、比較しなければならないこともあるでしょう。

ましして、そこに数値が入ってくるのなら、これ以上ないほど明確に「差」を見せつけられることになります。

そう考えると、やはり比較することは、人間にとってとてもつらい行為なのかもしれません。逃げるのか、逃げないのか、正解はありません。大切なのは、自分で選ぶことだと思います。

物語の主人公である進士はどうするのか、ぜひ最後まで見届けてあげてください。

感慨

～「エモい数値」とは何か～

数値が好きな人には
必ず好きな数値があるわ

センスは論理を超えるか

恵子とカルロス

恵子は、友人だというその長髪の男性を3人に紹介しました。名前はカルロス立花（たちばな）と言い、年齢は進士より10歳近く上とのこと。若い頃はバンドのヴォーカルとして活躍していましたが、いまは一線を退き、作詞・作曲をする音楽プロデューサーとしてキャリアを再スタートさせているとのことです。

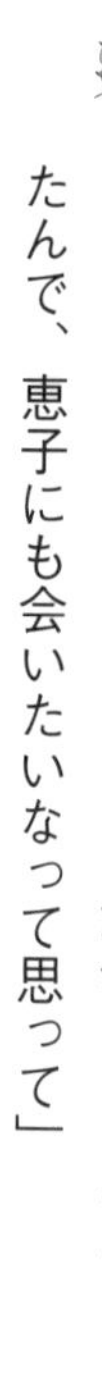

「まあ、そういうこと。しばらく海外にいたんだけど、久しぶりに日本に戻ってきたんで、恵子にも会いたいなって思って」

「相変わらず調子がいいわね」

恵子はカルロスと出会った経緯を話し始めます。数年前にイタリアへひとり旅に出ていたとき、現地でたまたま知り合ったのがカルロスでした。ちょうどバンドの活動が停滞しており悩んでいたカルロスは、初対面にもかかわらず気さくに話を聞いてくれる恵子と意気投合しました。

とにかく感性で言葉を紡ぐカルロスと、論理で話をする恵子は、まさにタイプが真逆でした。だからこそ、1つのテーマについて違った意見を出し合うことができ、お互いに刺激を得ることができたようです。恵子がイタリアを離れるまでの数日間、2人は毎晩食事をしながら対話をし尽くしました。

「素敵なお話ですね」

「お2人は、それ以来の再会なんですか？」

「まあね。恵子が数学者を引退してカフェを手伝っているってのはメッセージをもらって知っていたから、ここに来ればまたざっくばらんに話せるかなって思ってさ。ところで、みんなは？」

恵子が3人のことを紹介し、このカフェでしてきた話を説明し始めます。進士が上司とのコミュニケーションで悩んでいること。ビジネスコミュニケーションを図解で表現したこと。前提が大切であること。根拠には裏付けとなる数値が必要なこと。細かい会話の内容ではなく、大まかな話の流れをざっくり伝えます。一方のカルロスは腕組みをしながらその話を黙って聞いています。

「……という感じなのよ」

「相変わらず左脳タイプだな、恵子は」

「数学者なんだから当然でしょ。さあ、カルロスも座って」

「おう」

「イタリアではよくエスプレッソを飲んでいたわよね。同じものでいいのかしら？」

「よく覚えているな。じゃあ、それで頼むよ」

カルロスは恵子にそう言い、進士のほうに目を向けてニヤリと笑います。

「えっと、進士さん……だっけ？　恵子と話してみて、どう思った？」

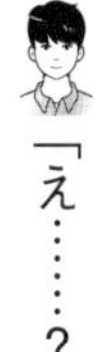

「え……？」

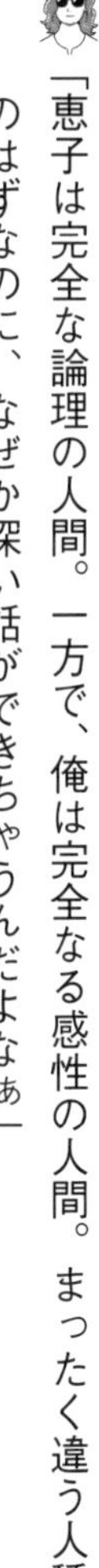

「恵子は完全な論理の人間。一方で、俺は完全なる感性の人間。まったく違う人種のはずなのに、なぜか深い話ができちゃうんだよなぁ」

「何か、ちょっとわかるかもしれません」

「うふふ。うれしいわ♪」

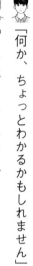

「ところで進士さん、俺はかつて歌という形でエンターテインメントを仕事にしていたし、いまは人がグッとくるような歌詞を書いたりすることが仕事なんだけど、この仕事で一番大切なことって何かわかる？」

「……いえ（ずいぶんグイグイくる人だな……）」

「人を感動させるために言葉を使うこと。でも、それは考えてできることじゃない。感覚で紡ぎ出すもの、いわゆる降ってくるものなんだ」

「……はあ」

カルロスに飲んでもらうエスプレッソを用意しながら、恵子は小さく微笑みます。

人間の感覚はあてにならない？

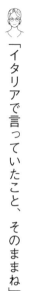

「イタリアで言っていたこと、そのままね」

「恵子の信じている数字や論理みたいなやつは大事だと思うよ。でも、人間はセンスってものが必要で、それがとても重要な能力になるんだよ。特に俺のような仕事をしている人にとってはね」

「センスって、いわゆる〝感覚〟のことよね」

「ああ。アーティストもアスリートもそのセンスが勝負を分ける。ビジネスの世界はよくわからないけれど、きっとそっちも同じなんじゃないのかなぁ」

恵子は普通のコーヒーカップの半分ほどの大きさの器をカルロスの前に置きました。どこか香ばしい香りが狭い店内を包み込みます。すると、マヤがカルロスに向けて遠慮がちに質問をします。

「あの～、決してカルロスさんの言っていることを否定したいわけではないんですけど……」

「おお、マヤさん。ご意見は大歓迎だよ」

「データサイエンスの仕事をしている立場から言うと、人間の感覚って、あてにならないというか……データやロジックのほうが正確というか間違いがないんじゃないかなって思うんですけど……」

カルロスはニヤリと笑い、なぜかマヤではなく、進士の顔をじっと見つめます。

「進士さん。実は俺みたいなタイプ、苦手でしょ？」

「え⁉　いや、そんなことはありませんよ……」

マヤは進士のリアクションを見て、それが図星だと感じました。1年も交際しているので、進士が動揺したときの表情も何度か見ています。

「いま俺はデータやロジックを使って進士さんに言ったわけではなく、直感的に思ったことを言ってみただけ。でも、もし当たっているとしたら……人間の感覚ってバカにできないと思わないか、マヤさん」

「それは……」

「まあ、こういうタイプだから、好かれる人にはとことん好かれるんだけど、その逆もあるわけよ。自分で言うのもアレだけど、悪いヤツじゃないと思うんで。進士さん、よろしく！」

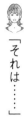

「あ、はい。よろしくお願いします……」

カルロスは席を立ち、進士に握手を求めてきました。進士は少し驚きましたが、すぐに笑顔で応じます。その瞬間に先ほどまで持っていた「苦手意識」が少し軽減された気がしました。

「GHP」という発想

情景が浮かばない言葉

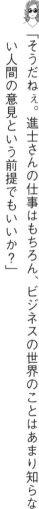

「ところでカルロス。あなたがここに来る前にみんなで話していた内容はざっと説明した通りなんだけど、ぜひあなたの感想も聞いてみたいわ」

「そうだねぇ。進士さんの仕事はもちろん、ビジネスの世界のことはあまり知らない人間の意見という前提でもいいか？」

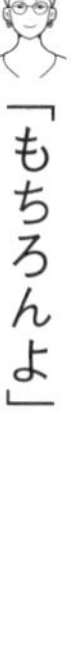

「もちろんよ」

進士はカルロスが「立場の定義」をしていることに気づきました。風貌や話し方はチャラチャラした印象もありますが、実はとても頭のいい人物なのではないかと進士は思い始めていました。

「俺は〝言葉の世界〟で生きている。作詞なんてまさにそうなんだけど、同じことを言っているのに、使う言葉を変えるだけで人が感動したり、たくさんの人が共感してバズったりする。それくらい、言葉のチョイスはコミュニケーションにおいて重要なんだ」

「それで？」

「そんな俺から言わせてもらうと、〝数値〟ってやつは最低の言葉なんだ」

「なかなか言うわね（笑）。どういうことかしら？」

「情景が浮かばない言葉なんだよ」

「情景？」

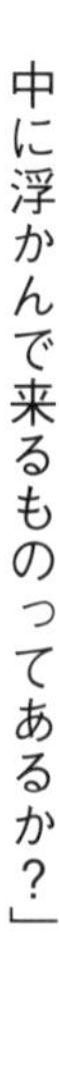

「ああ。例えば、人間は〝お腹が空いた〟って言葉を見聞きすれば、その人がどんな状態か、どんな気持ちか、何がしたいのか、何となく想像できるだろ？　でも、ある会社の売上が100億円だとして、この数値から想像できること、頭の中に浮かんで来るものってあるか？」

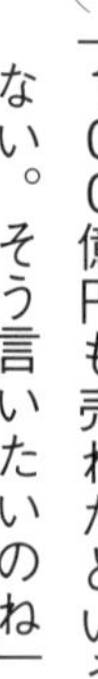

「100億円も売れたという事実は認識できるけれど、その情景まで思い浮かばない。そう言いたいのね」

「ああ。だから数値って言葉を入れて伝えたところで、相手はその意見を聞いてはくれるかもしれない。でも、その人の心には伝わらないんじゃないかな」

進士はカルロスの話に興味を持ちました。これまでの恵子たちとの対話から、ビジネスにおいては数値で伝えることが極めて重要であり、それさえできていれば、ちゃんと伝わるものだと思っていました。しかし、カルロスはその真逆の主張をしています。いったい、この会話をどのように理解するべきなのか、少しだけ混乱していました。

「さっきも言ったけど、俺はビジネスのことはわからない。でも結局、そっちの世界も、**人は納得したり共感したりしないと動かないんじゃないのか？**」

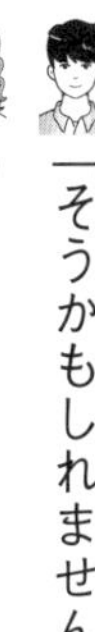

「そうかもしれません」

「だとしたら、その説明を聞いた相手に〝感慨〟がなければダメだと思うよ」

「感慨？」

「そう。ほかの言葉を使うなら、〝感情〟とか〝思い〟とか〝ハート〟みたいなニュアンスかな。グッと来るとか、ハッとするとか、ピンと来るとか。そうだ！　せっかくだからグッ（GU）とハッ（HA）とピン（PIN）の頭文字を取って

〝GHP〟って呼ぼうか。言いやすいじゃん、ハッハッハッ……」

4人が反応できず、カルロスの乾いた笑いだけが店内に響き渡ります。さすがに気まずさを感じたカルロスは、エスプレッソをひとくち啜ります。

「あの……感慨っていうのが、イマイチよくわからないんですが……」

「私も。何かわかるような、わからないような……」

カルロスはニヤリと笑いました。

人間は「エモい」が大好き

「10分で止む土砂降りの雨よりも、1日ずっと続く小雨のほうが嫌い」

「?」

「俺が書いたことのある詞だよ。日本人は雨って言葉が好きなんだ。だからだと思うけど、この詞が日本の若者にとてもウケたんだよね。仕事でも恋愛でも何で

もそうだけど、一瞬はとてもつらいけれどすぐに終わる出来事よりも、何となくつらい時間がずっと続くことのほうがダメージが大きいってことはないか？」

「あぁ！　それ、めっちゃわかります！」

「うんうん。確かにグッとくるというか、伝わる感じがあります。私たちの世代の言葉で言うと〝エモい〟って感じです！」

「エモーショナルの〝エモ〟だろ？　それが〝GHP〟なんだよ。つまり、エモい言葉を使って伝えると、相手は事実の認識以外に〝感慨〟ってやつを持つんだ。そして、その〝感慨〟ってやつが生まれたときが〝伝わる〟ってことなんだ」

話を聞いていた落合が右手をスッと挙げます。

「その昔、夏目漱石は〝I LOVE YOU〟を〝月が綺麗ですね〟と訳したという話がありますよね。この話に対する解釈はさまざまあるようですが、捉え方によってはカルロスさんの話に通じるかもしれません」

「落合さん、いいこと言うね～！　同じことを言っているのに、使う言葉を変えるだけで人が感動したり、バズったりするというのはまさにそういうこと！」

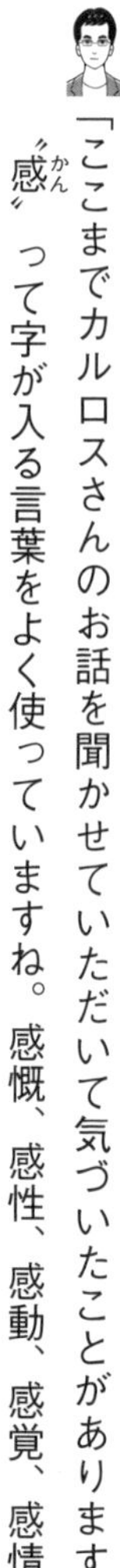

「ここまでカルロスさんのお話を聞かせていただいて気づいたことがあります。〝感(かん)〟って字が入る言葉をよく使っていますね。感慨、感性、感動、感覚、感情。すべて共通する字が〝感〟です」

「その通り！　俺の言っていることをひとこと、いや一文字で表現するなら、それは〝感〟なんだよ！」

進士はここまでの話を「なるほど」と思いながら聞きつつ、紙の空いているスペースに3つのアルファベットを書き込みます（次ページ図）。カルロスの言う〝感慨〟というものを何となく捉えることができたように感じていました。

「そう言えばさっき私は進士の実演を聞いたとき、まさに〝ＧＨＰ〟を感じたよ」

「え？」

「あのとき私が言ったこと、覚えている？」

「実演？　何それ？」

「実はカルロスさんがここに来る前、進士は実際に仕事でありそうな設定で自分

■ 感慨 ＝ グッ（GU）とハッ（HA）とピン（PIN）

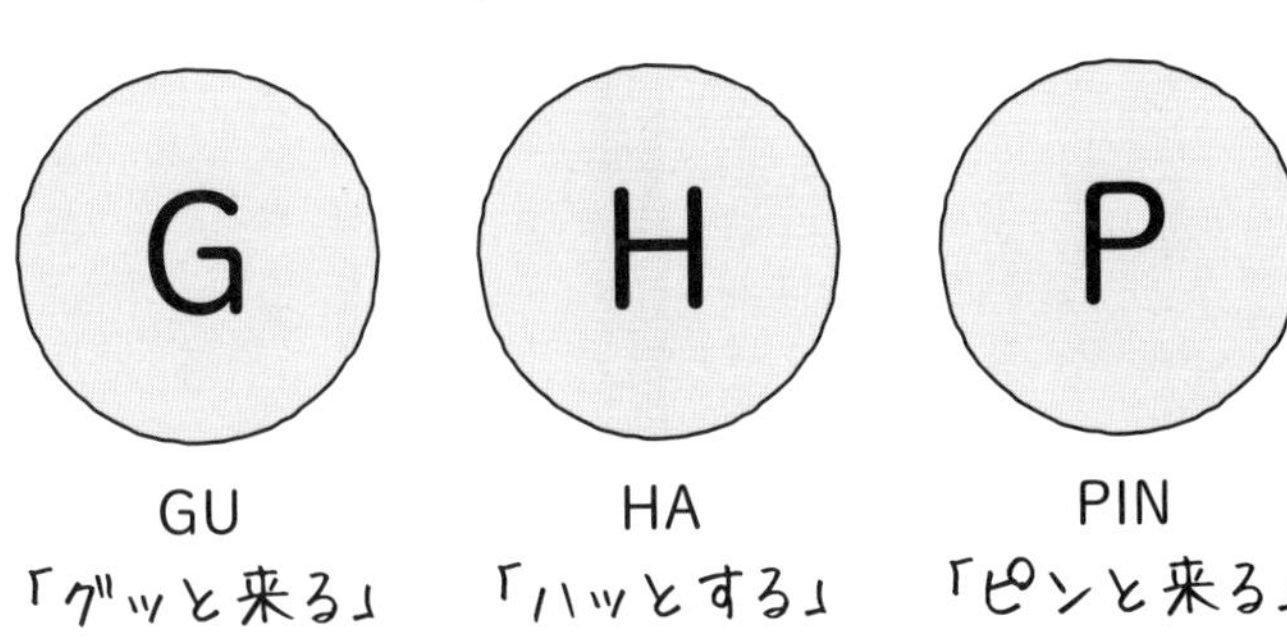

の意見を言う練習をしたんです。すっごく緊張してたけど」

「へぇ、見たかったな〜！」

マヤは進士が〝カスタードたっぷりシュークリーム〟について実演した内容をカルロスに説明しました。3つの根拠で説明したこと。1つ目は売上シェア。2つ目はあるアンケート調査の結果。3つ目は単なる個人的な思い入れ。カルロスはマヤの説明を興味深く聞いています。

「あのとき、マヤさんがおっしゃったこと、私は覚えていますよ。確か〝3つ目の根拠が一番リアルな感じがした〟でしたよね」

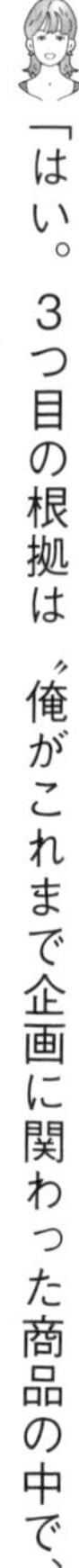

「はい。3つ目の根拠は〝俺がこれまで企画に関わった商品の中で、一番美味しいと家族が言ってくれた商品だから〟だったよね？」

「思い出した。マヤには、その根拠が一番伝わったんだよな」

「うん。それが一番、進士が大事にしていることというか、伝えたいことのような気がして。何て言うか……」

「グッと来たんだよな」

「エモい数値」という結論

カルロスの言葉にマヤは頷きます。一方で、進士はさらに混乱し始めました。意見というものは根拠が必要であり、そのための裏付けを数値で用意することがとても大切だと理解しました。しかし、進士が行なった実演において一番伝わった根拠は数値を使っていないエモーショナルなものだったとマヤは言っています。

数値は本当に必要なのか。もし必要なら、いま話題にしている〝GHP〟がどう関係するのか。そのことを進士はカルロスに疑問として投げかけました。

「進士さん、もっともな疑問だな」

「はい」

「実は以前にイタリアで恵子と話をしたとき、彼女は〝数値は言葉だ〟って言ったんだ。そうだよな？」

「ええ」

「つまり、数値は根拠を示す際の〝裏付け〟になる重要な言葉ってことだ。一方で俺は相手が〝伝わった〟と感じるかどうかは使った言葉が相手にとってエモいかどうかで決まるとも言ったよな」

「つまり、使う数値は事実を表現しているなら何でもいいわけではなく、できるだけ相手が〝GHP〟を感じるような数値を選ぶほうがいいんじゃないかってことね？」

「ああ。俺の仕事にも言えることだけど、退屈な歌詞ってあるわけよ。それは文章そのものに間違いがあるとか、そういうことじゃないんだよね。文章は正しいことが表現されている。でもそこに〝GHP〟がない。こういう歌詞って、退屈だし話題にもならないんだ」

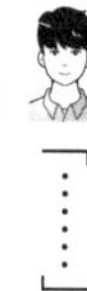

「……」

「つまり、マヤさんの言葉を借りれば、〝エモい数値〟を使わないと相手には伝わらないってことだな」

「エモい数値？？　相変わらず面白いこと言うわね（笑）」

エモい数値。進士は初めて聞いたその言葉に困惑します。エモいという言葉それ自体は実際に使うときがあります。しかし、あくまでプライベートの時間でのことで、まさかこの概念がビジネスコミュニケーションに、さらには数値というものに関係してくるとは思ってもいませんでした。

そして、マヤもカルロスの話に強い興味を持ちました。常にデータに囲まれた環境で仕事をしているマヤにとって、数値はすべて事実を表し、人の感情といった余計なものとは切り離すことができる客観的な記号です。そして、社内のコミュニケーションも常に数値を並べ、ある意味で機械的に淡々と説明することがほとんどでした。

しかし、カルロスはその数値というものと人の感慨というものを結びつけようとしています。何か新しい気づきがあるかもしれないと、マヤの心の中で期待が膨らみます。

SCENE 3

「エモい数値」の正体

野菜ジュースの容量を魅力的に表現せよ

「カルロスさん、その〝エモい数値〟って例えば、どんなものですか？　具体例がないとなかなかピンと来なくて……」

「え、知らん。それは自分たちで考えてよ（笑）」

カルロスはおどけて笑ってみせます。それにつられて4人も思わず笑ってしまいました。店内の対話はすっかりカルロスのペースです。

「せっかくだから、みんなで考えてみましょうか。進士さん、マヤさん、落合さんのこの先のお仕事にも役立つことかもしれないわ」

「ですね！　なんだか面白そう♪」

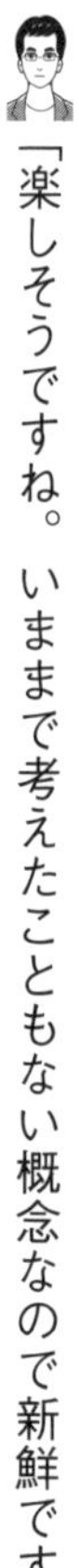

「楽しそうですね。いままで考えたこともない概念なので新鮮です」

「うふふ。カルロスが来て、ますます楽しくなったわ」

恵子はそう言い、進士を見て微笑みます。

「1つ具体的なものを思いついたわ。唐突だけど、進士さんは野菜ジュースって飲んだことあるかしら？」

「え、ありますけど……」

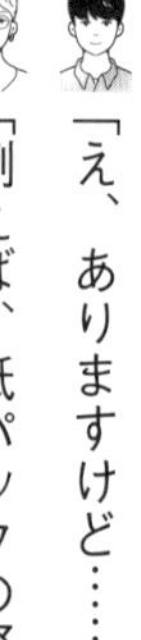

「例えば、紙パックの野菜ジュース1本の容量を具体的な数値で説明するとしたら、どんな数値で説明するかしら」

「容量ですから、mℓ（ミリリットル）とかそういう単位の数値じゃないですか？」

「そうよね。じゃあ、野菜ジュースの容量を**魅力的に説明**するとしたらどう？」

「？？」

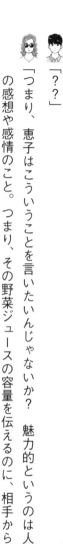

「つまり、恵子はこういうことを言いたいんじゃないか？　魅力的というのは人の感想や感情のこと。つまり、その野菜ジュースの容量を伝えるのに、相手から

感想が生まれたり感情が動いたりするような伝え方を考えてほしい。そうだろ？」

恵子は頷き、新しい紙を手元に用意してメモを書く準備をしています。一方のカルロスは小さな器を持ち上げ、ふたくち目のエスプレッソを楽しみます。

「相手から感想が生まれたり感情が動いたりする伝え方……例えば、こういうのはどうでしょう。〝1日に必要な野菜がこれ1本で摂れます〟みたいな」

「確かに、そういう表現はよくあるよね」

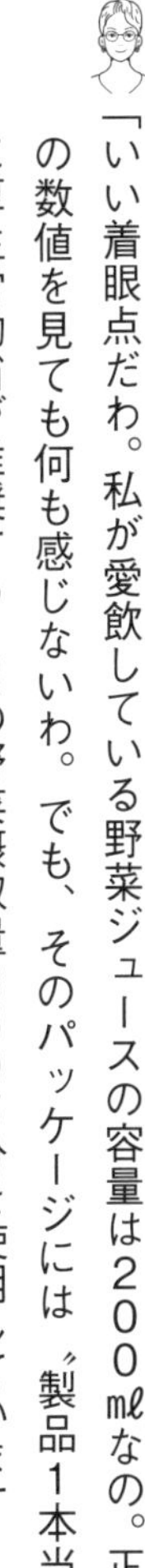

「いい着眼点だわ。私が愛飲している野菜ジュースの容量は200㎖なの。正直その数値を見ても何も感じないわ。でも、そのパッケージには〝製品1本当たりに厚生労働省が推奨する1日の野菜摂取量350g分を使用しています〟って」

「単に1本につき200㎖の液体が入っているという情報よりも、1本につき1日に摂るべき野菜摂取量が入っていると伝えたほうが、そのジュースに何が入っているかがピンと来ますね」

「確かに、どちらも容量を説明する数値ですが、例えばテレビのCMのように誰か

■「野菜ジュース」のエモい数値とは

	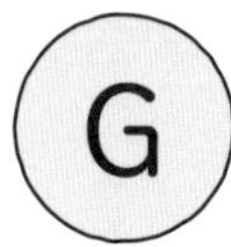	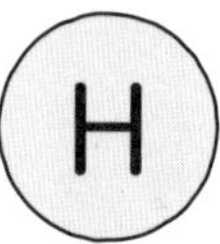	
	「グッと来る」	「ハッとする」	「ピンと来る」
200ml			
1本で1日分の野菜	◎		

に魅力的に伝える場面で使われるのは、おそらく後者の数値ですよね」

「1日に摂取するべき野菜の量がこれ1本でOKというのは、健康志向の消費者にとっては直感的にも〝それはいい〟って思います」

「それが〝グッと来る〟ってこと。つまり〝GHP〟ね」

恵子は自ら紙に書いた「エモい数値とは」というメモを3人に見せます。感覚的に捉えられる数値だと伝わる。進士は少しだけイメージが湧いた気がしていました。

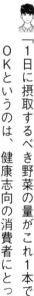

「1日平均で8000歩」にGHPはあるか？

「じゃあ、私も例を挙げてみますね。仕事が忙しいこともあって、個人的に運動不足かなぁって思っていたんです。ウチの会社はリモートワークを推奨しているので、出社しない日は1日中、家でデスクワークしちゃっていることもあったり……。そんなときにネットニュースである数値が紹介されていたんです」

「へ〜、それって、どんな数値？」

「ちょっと待ってね。スマホで探してみる」

マヤはスマートフォンを取り出し、慣れた手つきである記事を探り当てます。再び恵子がメモを取る準備をするのを確認してから、マヤは記事の一部を読み上げ始めます。

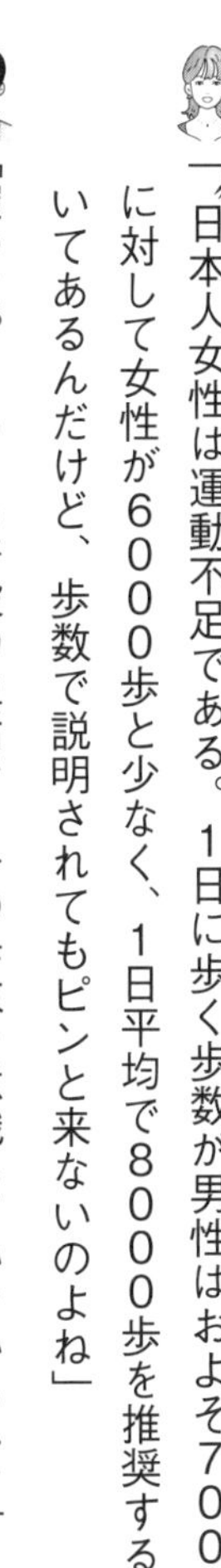

「〝日本人女性は運動不足である。1日に歩く歩数が男性はおよそ7000歩なのに対して女性が6000歩と少なく、1日平均で8000歩を推奨する〟って書いてあるんだけど、歩数で説明されてもピンと来ないのよね」

「確かに。そもそも普段の生活で自分の歩数を意識していないもんな」

「でも、この記事には続きがあるの。〝イメージとしては1日に60分以上、体を動かすことを推奨。マラソンやスポーツジムなどで激しい運動をしなくても、ごく普通の生活の中で体が動いていることが大事です〟だって」

「1日に60分以上って言われると、何かイメージが湧くな」

「私も、この数値を見てドキッとしたの。自宅でリモートワークの日は、朝から夜までほとんど座りっぱなしで仕事をしていることもあるなって。ちょっとヤバいかもって、ようやく思えたわ」

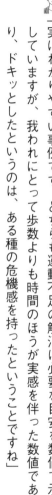

「実にわかりやすい事例です。どちらも運動不足の解消に必要な目安を数値で示していますが、我われにとって歩数よりも時間のほうが実感を伴った数値であり、ドキッとしたというのは、ある種の危機感を持ったということですね」

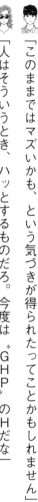

「このままではマズいかも、という気づきが得られたってことかもしれません」

「人はそういうとき、ハッとするものだろ。今度は〝GHP〟のHだな」

「つまり、こういうことね！」

恵子は対話を聞きながら取ったメモを再びテーブルに置き、全員に見せます（次ページ図）。

■「日本人女性は運動不足である」のエモい数値

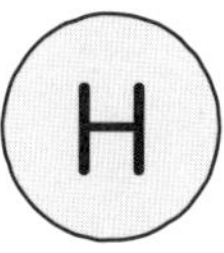

	G 「グッと来る」	H 「ハッとする」	P 「ピンと来る」
8000歩／1日	×	×	×
60分以上 体を動かす／1日	ー	◎	○

「なるほど。マヤが言ったネットニュースの事例は〝GHP〟のHとPがあったってことですね」

「ええ。数値そのものは理解できても、それが実感を伴った理解にはならないケースは確かに多いかもしれないわ」

「〝エモい数値〟ってやつが少しずつわかってきた気がします」

いくら裏付けとして正確な数値をたくさん並べたところで、その意見を聞いてもらう相手の実感が伴うものでなければ意味がない。進士は「相手はその意見を聞いてはくれるかもしれない。でも、その人の心には伝わらないんじゃないかな」というカルロスの言葉を思い出していました。

なぜ経営層にはカネで説明すべきなのか

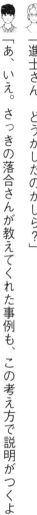

あの成功事例の別解釈

「……」

「進士さん、どうかしたのかしら？」

「あ、いえ。さっきの落合さんが教えてくれた事例も、この考え方で説明がつくような気がしたものですから」

「ウチの会社の山田が経営層に意見を言った事例ですか？」

「何それ？？」

落合は、その内容を要約してカルロスに伝えました。ある従業員（山田）が自分のアシスタントを1名採用してほしいと経営層に意見を伝えたこと。それはヒト・ジカン・カネという3つの数値を裏付けとして用意したものであること。最終的には、その意見が通ったこと。カルロスは落合の説明を黙って聞いていました。

「つまり、ビジネスコミュニケーションにおける成功事例ってことね」

「そうなりますね」

「あの事例って、要するに経営層に意見を通したって話ですよね」

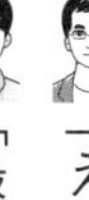

「ええ」

「最終的にはカネ、つまり会社の収益にどれくらいのインパクトの差があるのかを数値で説明する内容になっていました。そこで考えてみたんです。経営層にとっての〝GHP〟って何だろうって」

「……」

「グッと来るとか、ハッとするとか、ピンと来るとか。そういうのって、結局はカネに関することではないかと思ったんです」

「確かに、そうかもしれません。経営層は当然ながら、経営のことを考えています。経営の目的は収益を出し、従業員や株主などに還元することですから、何よ

りもカネのことを大事にしているでしょうね」

「ってことは、経営層にとっての〝エモい数値〟はカネってこと？」

「じゃないかな。つまり、経営層に自分の意見を通したければ、カネ・ジカン・ヒトの中でも特にカネの裏付けを用意して根拠を述べることが重要なのかなって」

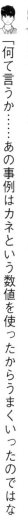

気づけば進士、マヤ、落合の飲み物がほぼ空になっていました。恵子は3人に「おかわり」をすすめます。マヤの「今度は温かい紅茶がいいな」というリクエストに進士と落合も便乗し、3つの紅茶がテーブルに運ばれてきました。

「進士さんの意見、実に興味深いわ」

「何て言うか……あの事例はカネという数値を使ったからうまくいったのではなく、カネという数値が経営層にとって実感を伴うものだったから伝わった、つまり、うまくいったんじゃないかなと」

「同感です」

「これって結構、重要なことなのかもしれません。なぜあの事例はうまくいったのか、その本当の理由がわかった気がするんです。正しい内容だからうまくいったのではなく、その相手にとってエモい内容だったからうまくいったんじゃないかなって……」

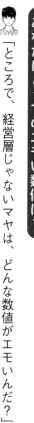

「そうかもしれないわね。数値は絶対に正しい言語であり、使えば必ず伝わると思い込んでいる私のようなタイプの人間にはとても新鮮よ。カルロスはどう思う？」

「俺はビジネス云々には興味がないけれど、みんなの対話の論点はなかなか本質的だと思って聞いていたよ」

「その偉そうな言い方、どうにかならない？（苦笑）」

恵子のジョークに全員が笑います。進士は温かい紅茶をひとくち喉に流し込み、新たに浮かんだある疑問を話題にしてみようと思いました。このメンバーでこのまま会話を続けていけば、もう少し具体的なヒントが得られる予感がしています。

あなたにとってのエモい数値は？

「ところで、経営層じゃないマヤは、どんな数値がエモいんだ？」

「？」

落合は瞬間的に「面白い質問だな」と思いました。経営層のエモい数値はカネだとするなら、それ以外のビジネスパーソンにとってのエモい数値は、いったい何なのか。落合は自分ごとにして、その質問の答えを考え始めます。

「う〜ん……その場面によるかなぁ。ただ、正直に言えば経営層みたいに会社の売上や収益みたいなカネのことはほとんど考えていないの。もっと現場の数値というか……目の前にある自分の仕事に関係する数値で意見を言ってもらわないと〝GHP〟を感じることはできない気がするなぁ」

「現場の数値って、例えばどんなもの？」

「私みたいなマーケティングの仕事をしている人なら、顧客の質を評価できることは必須なんだけど、ただ単に〝顧客の質がいい〟だけでは説明にならないわ」

「数値じゃないと伝わらないよな」

「実は、**マーケティングの世界にはライフタイムバリュー（LTV）という指標**があるの。1人の顧客が取引期間を通じて企業にもたらす価値のこと。この数値の大小で顧客の質を説明することができるんだけど、私と似たような仕事をしている人なら、みんなライフタイムバリューの意味は知っているし、この数値で説明するほうがピンと来るはずよ」

「なるほど。〝GHP〟のPってわけか。ちなみに、落合さんにとってのエモい数値って、どんなものですか？」

全員の視線が落合に集まります。

「ちょうど考えていたところです。これは私の主観も入りますが、私のような、いわゆる中間管理職は現場の生産性や効率を求められることが多いように思います」

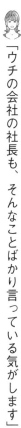

「生産性や効率ですか」

「ええ。私自身、会社の経営層からそういうことを求められているんです。もっと現場の生産性を上げてほしいとか、部下の仕事の効率を上げてほしいとか」

「ウチの会社の社長も、そんなことばかり言っている気がします」

■ 経営者が会話で使う数値 TOP 3

第1位	カネ（金）	例	売上・営業利益（率）・固定費・変動費・投資額・回収額・損益分岐点　etc.
第2位	ジカン（時間）	例	労働時間・営業時間・未来予測・タイムパフォーマンス（率）　etc.
第3位	ヒト（人）	例	従業員数・顧客数・リピート数（率）・会員数・労働生産性　etc.

「だから、もし私が誰かの意見を聞く立場だとしたら、できるだけ私や私の預かる部門の生産性や効率といったものを数値で説明してくれると自分ごとになると言いますか、〝GHP〟を感じることができる気がします」

進士は落合の話を聞きながら、ここまでの会話のどこかで「生産性」という言葉を見聞きした気がしていました。そのことを恵子に伝えると、ニッコリ笑ってノートパソコンの画面を見せ、ある箇所を指さしました（上図）。

一方の進士は、その画面に見覚えがありました。そこには「経営者が会話で使う数値TOP3」という表記があり、そして進士は恵子が指さした調査結果の第3位のところに一例として「労働生産性」という言葉が表記されていることに気づきます。

SCENE 5

「その人の仕事は何か？」というシンプルすぎる問い

「割り算」がエモい時代

「労働生産性……これって、どんな数値でしたっけ？　確か、恵子さんが説明してくれたような……」

「労働生産性とは従業員１人当たりの付加価値額のことで、付加価値額を従業員数で割り算したものよ」

「先ほど私が申し上げた生産性とは、まさにこのことです。そうか……つまり、**生産性や効率とは割り算なのかもしれません**」

「割り算？」

「ええ。マーケティングのお仕事をされているマヤさんならわかると思いますが、例えば広告費１円当たり獲得できる売上が高い施策のほうを効率がよいと解釈

■ 恵子のメモ（その1）

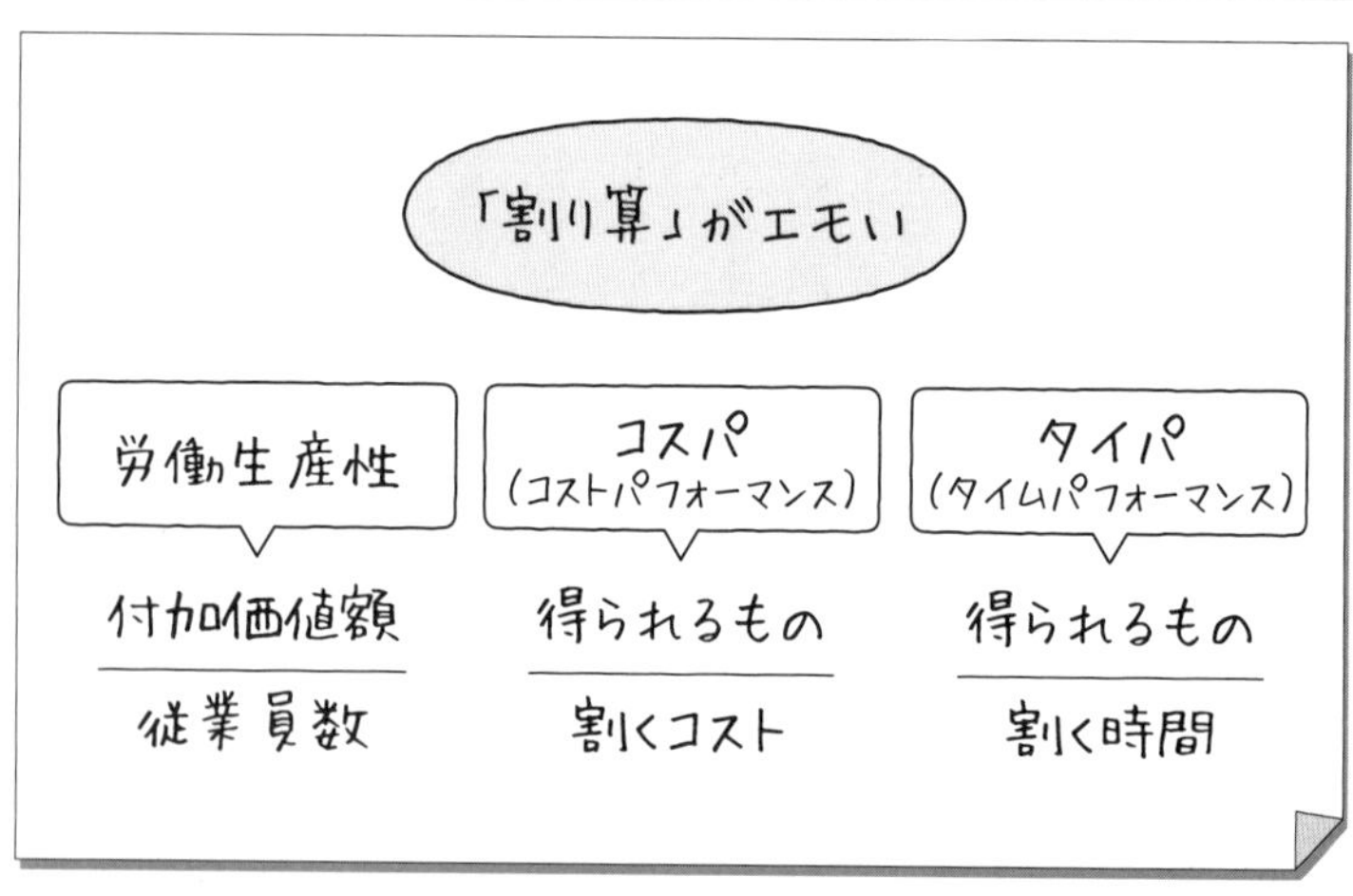

しませんか？」

「一般的にはそうですね。特にＷＥＢマーケティングなんかはコスパが命です」

「いまはビジネスでも〝コスパ〟や〝タイパ〟といった言葉が当たり前に使われる時代です。実は、コスパもタイパも割り算で表現される概念ではないでしょうか」

「この話、面白いわね」

恵子は、上機嫌な様子で再び紙にメモを書き込んでいきます。残る4人は、恵子のメモが書き終わるまで対話をせずに待つことにしました。恵子は2種類のメモを書き上げ、それをテーブルの上に置きます

■ 恵子のメモ（その2）

「その人の仕事は何か？」→ エモい数値が決まる

意見を聞く相手	新人・若手 現場の担当者	中堅社員 中間管理職	経営層
その人の仕事	現場の実務	現場の 生産性・効率UP	経営
エモい数値	現場の数値	割り算	カネ

（202、203ページ図）。

「割り算がエモい……」

「そう言えば〝割く〟って言葉には〝割〟って字が使われるんですね」

「そうなの。労働生産性もコスパもタイパもすべて割り算で表現できる概念よね。そして、落合さんの話によれば、いまビジネス環境において特に中間管理職はこれらの数値が高いものをよいとする価値観がある。そうだとするなら、そのような人に何かを意見する場面では、できるだけ割り算を使って説明するほうが〝GHP〟の法則に当てはまるんじゃないかしら？」

「もう一方のメモは、どういう意味ですか？」

「ここまでの対話を整理してみたものよ。結局、〝エモい数値〟はその人がグッと来たりハッとしたりピンと来たりしないといけないものよね。ならば、その数値は、その人の仕事に関係あるものでなければダメじゃないかしら」

「これってつまり、〝その人の仕事は何か？〟って話ですよね。役職とか肩書とかそういうことじゃなくて」

「すごいシンプルな問いなんだけど……当たり前のようで意外に見落としちゃうことかも」

「現場担当者の仕事は現場の実務。中間管理職の仕事は現場の生産性・効率ＵＰ。経営層の仕事は経営。それぞれ仕事が違う。だから、エモい数値も違うということですね。その人の仕事は何か。私も大切な視点だと思いました」

SCENE

6

言葉が好きな人には、必ず好きな言葉がある

相手の好みが反映された数値

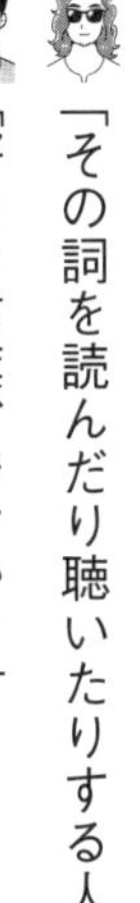

「あのさ、この話の流れで、ちょっと補足したいことがあるんだけど」

気づけば進士は、カルロスの考えを聞くのが楽しみになっていました。店内にはエスプレッソの香りがまだ微かに残っています。

「俺は作詞をするとき、めちゃくちゃ大切にしていることがあるんだ」

「大切にしていること？」

「その詞を読んだり聴いたりする人が好きな言葉を使うってこと」

「好きな言葉、ですか？」

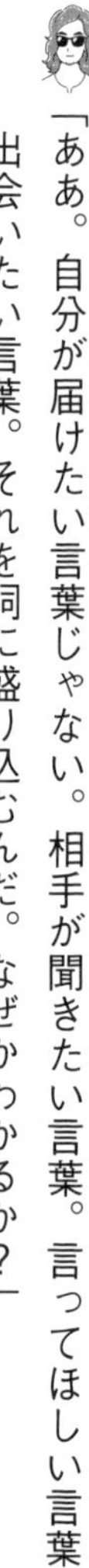

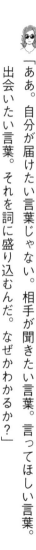

「ああ。自分が届けたい言葉じゃない。相手が聞きたい言葉。言ってほしい言葉。出会いたい言葉。それを詞に盛り込むんだ。なぜかわかるか？」

これまでカルロスの大きな声が響いていたことが嘘のようなしばしの沈黙。4人がカルロスの次の言葉を待ちます。

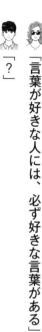

「言葉が好きな人には、必ず好きな言葉がある」

「？」

「そもそも歌を聴いたり詞を読んだりする人は、本質的には言葉が好きな人なんだ。嫌いだったら、言葉を見聞きしようとは思わないからね。そして、そんな人たちには好きな言葉、言ってほしい言葉がある。それから、その言葉を言ってくれた人を好きになったり、メッセージを受け入れてくれたりする。どう？」

「……」

「これって、ビジネスコミュニケーションってやつも似てるんじゃないかなぁ」

「つまり、こういうことかしら。おそらく中間管理職や経営層みたいな責任ある役職者などは物事を数値で説明することを強く求める人たちよね。ある意味で彼らは、数値が好きな人たちってことにならないかしら」

「数値が好きな人たち……」

「そういう人たちなら、なおさら普段から気にしている数値、物事を判断するときに参考にするデータ、長年の経験から感覚的に大事だと思っている指標があるんじゃないかしら。つまり、**好みの数値があるってことね**」

「なるほど」

「そして彼らは、その好みの数値を使って物事を伝えてくれる相手を信頼したり、意見を受け入れたりする。言ってみれば、数値が好きな人には必ず好きな数値があるわ。つまり、さっき私がメモに整理して書いた3種類の〝エモい数値〟は現場の担当者・中間管理職・経営層それぞれの好みが反映された数値なんだという解釈もできないかしら」

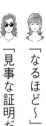

「なるほど〜」

「見事な証明だ。えっと確か……Q.E.Dだっけ？」

好みが反映された数値。その解釈にようやく進士もしっくりきました。すると、この対話を落合がさらに深めるために、カルロスにある質問をします。

ヒントは相手の発した言葉にある

「あの、カルロスさんに1つ質問してもいいでしょうか?」

「ぜひとも!」

「カルロスさんの書く詞を読んだり聴いたりする人が好きな言葉って、いったいどうやって知るのでしょうか。カルロスさん自身が想像するってことですか?」

「それもあるし、そこにはセンスが必要だとは思う。でも、それだけじゃない」

「へぇ〜興味津々♪」

「簡単だよ。実際に、その人たちと話をするんだ。例えば、若い女性に刺さる詞を書きたければ、若い女性とできるだけたくさん対話して、彼女たちがどんな言葉を使っているか、どんな言葉にエモさを感じているか、教えてもらうんだ」

「……」

「そうすると、彼女たちが頻繁に使う略語とか、あえて言いたい流行り言葉とか、心からうれしいときに言うフレーズとか、そういうのがわかってくるもんなんだ。結局のところ、正解は俺の想像の中にはない。正解は、彼女たちが口から発した言葉の中にあるからさ」

「なるほど」

「みんなのようなビジネスパーソンって、そもそも普段から上司や仲間とたくさん話してる？　その相手のエモいポイントを知るためのヒントを自分から得ようとしてる？　もしかして、リモートワークとか何とかで、真逆のことをしているんじゃない？」

進士は、その言葉にハッとしました。人と関わりコミュニケーションを取ることはどちらかと言えば面倒だと思い、避けてきたタイプです。

進士にとって自分の意見を伝える機会が最も多いのは、間違いなく上司の井上です。しかし、その井上がどんな数値にエモさを感じるのか、進士はいままで考えたこともありませんでした。普段から向き合うことを避け、対話をしていない相手に、自分の意見をうまく伝えようなんて都合がよすぎる。カルロスに、そう言われているような気がしました。

「カルロスさんのいまの話、私には突き刺さりました。数値の大切さは理解しているつもりでしたが、根本的に足りないことを指摘されたような気がします。相手のエモい数値を把握するために普段からできることがあるなと思いました」

「おお、そりゃよかった」

「同感です。カルロスさんがここに来る前までは、俺が上司に向けて意見を言うという設定の実演が下手なりにできていたんです。でも、この〝エモい数値〟というテーマに関しては、いまここでまったく実演できない自分がいるんです。つい上司とのコミュニケーションを面倒くさく思ってしまって……上司が好む数値は何かと問われてもまったく思い浮かばないんです」

「それに気づいただけでも、大きな前進じゃねーか？」

「はい。逆にその数値さえわかれば、一気に視界が開ける予感もしました」

「そりゃよかった。まあ、あくまでこっちの世界のプロの考え方だから、大袈裟に受け取らないでサラッと流してよ。別に大したこと言っていないし」

すると恵子が思い出したように「そうだわ！」と大きな声を上げました。

SCENE

7

人は「正しい意見」を受け入れない

「正しさ」より「エモさ」

「ねえカルロス、イタリアで私にしてくれた、あの話を3人にもしてあげてよ。ほら、〝正論とは〟って話」

「ああ、あれね」

「どんな話ですか？」

「数値って基本的には、これ以上ないほど正しい情報だよな。その正しい数値を使って論じるということは、つまり人に正論を言うってことだ。進士さん、ぶっちゃけ正論ばかり言う人って、どう思う？」

突然の質問に進士は戸惑いつつ、少しだけ強い口調で「俺は正直、嫌いです」と答えました。それを聞いた落合とマヤも続きます。

「ビジネスでは正論が必要なときもあると私は思います。ただ、正論ばかり言う人は……どうでしょう。あまり好きではないかもしれません」

「私も」

「でしょ？　人間は正論が嫌いなんだ。そもそも正論って、言っているほうは気持ちがいいもの。だって正しいことを言っているんだから。でも、それを聞かされる相手はそうとは限らない。**自分だけ気持ちよくなるようなコミュニケーションをする人が好かれることなんてない**。それが人間じゃないかな」

「その通りですね」

「そこは私も気をつけなければと思いました。私のようなデータを活用しながら仕事をしている者は、つい間違った思考になりがちです。ＩＴツールからデータを抽出してそれを機械的に並べ、ロジカルに説明すればその内容は間違っていないし相手にも伝わる。むしろ伝わらないならそれは理解できない相手が悪い。なぜならデータは嘘をつかないし、正しいことを説明しているから、と」

「〝正しい内容だから理解しろ〟みたいなスタンスじゃなくて、正しさよりも相手のエモさを大事にするスタンスが必要じゃないかな。もちろん、嘘の数値を

使っちゃダメだと思うけど」

「私もちょっとその傾向あるかも……気をつけなきゃ」

「まあ、俺はビジネスのことはよくわからないけどさ」

進士も、この話には深く共感していました。確かにカルロスには、進士の仕事のことや抱えている悩みを本当の意味で理解することはできないかもしれません。しかし、それでもカルロスが話してくれたことには、まさに「グッと来て、ハッとさせられて、ピンと来ること」がたくさんありました。最初は苦手に感じていたこの男性の言葉を、進士は素直に受け入れることができます。

「カルロスさん、ありがとうございます。とても勉強になりました」

「いやいや、逆にみんながこれだけ自然に〝GHP〟って言葉を使ってくれて俺はうれしいよ（笑）」

「最初はスベッていたけどね」

大きな声で笑うカルロス。しかし、すぐに真顔に戻り、エスプレッソを口に運びます。

「ところで、みんなって、もう少しここにいる？」

「はい。あ、でもそろそろ宿泊するホテルに向かいたいので、あとちょっとしたら俺とマヤは失礼しようかと……」

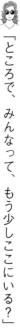

「私もまだ明るいうちに、この近辺をドライブしたいので、そろそろ……」

「初対面のみんなに偉そうにいろんなこと言ったけど、実は俺も悩んでいることがあってさ。よかったら少しだけ付き合ってよ。今日ここに来たのも、恵子と話せば何かヒントがもらえるかもと思ったからなんだ」

カルロスはニッコリと笑いました。しかし、その目は笑っていないように見えます。

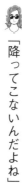

「降ってこないんだよね」

「？」

「伝わる具体例とか、たとえる表現とか。センスがないせいか、いくら考えても降ってこないんだよね」

Message
Emotional
Figures
数値が好きな人には必ず好きな数値がある。
伝わる意見にしたければ、〝正しい数値〟では
なく〝エモい数値〟を選ぶこと。

COLUMN 4

体温のある数値

仕事柄、多くのビジネスパーソンの「どうも数字が苦手なんです」という発言をたくさん聞いてきました。そして、どうすれば、この発言が減るかを徹底的に探求してきました。

１つの結論があります。それは「**学力や知識の問題ではなく、人間という生き物との相性の問題**」ということです。

本編で恵子が教えてくれたように、数字とはコトバです。しかしながら、実に無機質で冷たい印象を持ったものではないでしょうか。温もりがない。体温を感じない。血が通っていない。だとするなら、血の通った生き物と相性がよいはずがありません。

ならば、この問題を解決する方法はたった１つしかありません。温もりがある。体温を感じる。血が通っている。数字とは、そう感じることができるコトバだと再定義すること。そして、実際に仕事で体温のある数値を使うことです。

繰り返します。「数字が苦手」は学力や知識の問題ではありません。克服のヒントは本編の中に必ずあります。

例
～「異なるけれど同じもの」を使う瞬間～

構造的に同じだと、
それがうまくいったのなら、もう一方もうまくいく
という説明になるし、それが事実なら、
もう一方も事実のように受け止めてもらえる。
そういうことじゃないかしら

SCENE 1

センスだけでは限界がある

具体例やたとえがほしい

カルロスが打ち明けたその悩みは、進士にとって意外なものでした。というよりも、「伝わる具体例とか、たとえとかが降ってこない」とはどういうことなのかが、まだピンと来ていませんでした。

「？　カルロスさん、それって、どういうことですか？」

「歌詞を書いていると、具体例やたとえがほしいときがあるんだよ。うちひしがれて絶望しているときの例とか、1年間ずっと片想いしていた相手と付き合えることになったときのうれしさをほかの何かにたとえるとか。そういうところの表現がエモい歌詞にするためにとても重要なんだ」

「そういうのが思い浮かばないってことですか？」

「ああ。これまで俺はそういうのは待っていれば突然、閃（ひらめ）くものだと思っていたんだ。もちろん、そういうケースもたくさんあるんだけど、最近はそれだけじゃ限界があるんじゃないかと思っているんだ」

「そうなんですか……」

「この世界にもライバルっているわけよ。そいつらの歌詞を読んでみると、いまの俺には到底思いつかない具体例やたとえがたくさんあるんだよな」

「あの～、ちょっと聞きにくいですけど……そこって、やっぱりセンスの差なんですか？」

「かもな。でも、それを認めると、この話は終わっちゃうわけ（笑）。何か上達する方法はあるんじゃないかと思ってさ」

「カルロスがそんなこと言うのは意外ね。なぜ、そう思うの？」

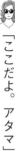

カルロスは恵子を見てニヤリと笑い、右手の人差し指で自分の頭部を指さします。

「ここだよ。アタマ」

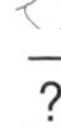
「？」

「覚えているかわからないけれど、恵子はイタリアで俺にこう言ったんだ。〝カルロスは、いずれ数学的なアタマの使い方を身につけるといいかもね〟って」

「そんなこと言ったかしら（笑）」

「そっち系の話は基本的に大嫌いだけど、〝いずれ〟っていうのが何だか妙に記憶に残っていてね。もしかしたら、俺の悩みと関係あるんじゃないかと思ってさ」

「それで私に会いに来てくれたってわけね」

カルロスは右手の人さし指を頭部から離し、小さく頷きます。

「イタリアでカルロスは私に、〝数学や論理みたいな数学的能力には限界がある〟って言ったわよね」

「言ったっけ？」

「言ったわよ（笑）。正直、私もそう思うわ。一方でカルロスの言う〝センス〟にも限界はあると思うのよ」

「つまり、両方を兼ね備える必要があるということでしょうか」

「ええ。イタリアで私が言った〝アタマの使い方〟というのは、おそらく構・造・化・と呼ばれるものよ。そして、それはカルロスのいま抱えている悩みにも大いに関係あるわ」

「本当か⁉　ていうか……コウゾウカって何だ？」

「うふふ。さらに言うと、進士さんの悩みにも関係あるわ！」

進士が驚いた表情を見せます。恵子は再びノートパソコンを使って、あの図解を見せることにしました。これまで何度も見てきた、塊と矢印で表現された図解です（次ページ図）。

■ 裏付けを支える「事例」

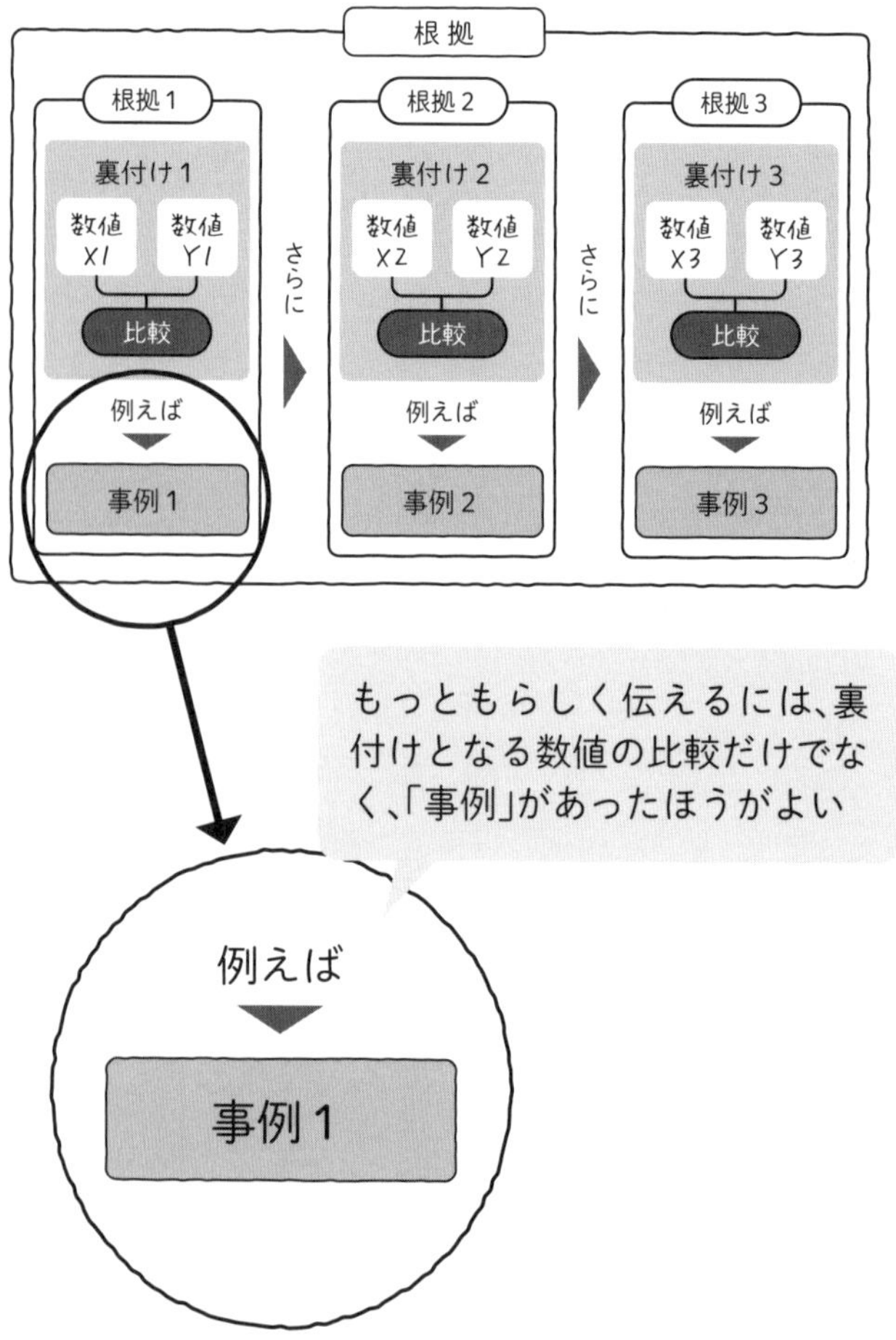
根拠
根拠1
裏付け1
数値 X1
数値 Y1
比較
例えば
事例1
さらに
根拠2
裏付け2
数値 X2
数値 Y2
比較
例えば
事例2
さらに
根拠3
裏付け3
数値 X3
数値 Y3
比較
例えば
事例3
もっともらしく伝えるには、裏付けとなる数値の比較だけでなく、「事例」があったほうがよい
例えば
事例1

「最後の塊」の意味

「この図解の中で、まだ話題にしていないところがあることに気づいているかしら？」

「3番目の塊、つまり〝根拠〟のところにある矢印と塊のことですね」

「〝例えば〟という矢印と〝事例〟という塊です」

恵子はパソコンを操作し、まさに、その矢印と塊が描かれた箇所を拡大して見せます。

「私はね、〝根拠〟を完成させるためには、さっきまで話題にしていた数値の比較だけでは足りないケースがあるんじゃないかと思っているの」

「その足りないものが、事例ってやつですか？」

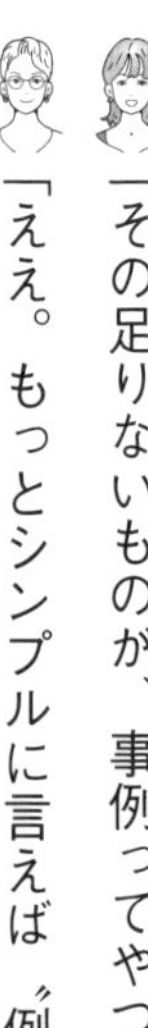

「ええ。もっとシンプルに言えば〝例〟ね。一般的に、納得感がある意見を言う人って、具体例を織り交ぜたり、うまいたとえ話を挟んだりしないかしら？」

「確かに、話のうまい人って、そういうイメージがあります」

恵子はニッコリと笑い、いまこの瞬間まで存在を忘れていたコーラで喉を潤します。

「カルロスがここに来る前に、進士さんが実演したテーマを思い出しましょう。進士さんはキャンペーンの注力商品を〝カスタードたっぷりシュークリーム〟がよいと主張したわよね」

「はい」

「進士さん、1つ目の根拠について、もう一度説明していただけないかしら？」

「はい。1つ目の根拠は、ウチの会社において、この半年で最も高い売上シェアを叩き出しており、はっきりと〝売れています！〟と訴求できることです」

恵子は進士の話を聞きながら、再び何かを紙にメモしています。

「どうもありがとう。カルロスはいまの説明を聞いて、どう思ったかしら?」

「え? まあ……ちゃんと理由にはなっているんじゃないの? 実際にそういうデータがあるんだろ??」

「そうね。でも、もう少し、この内容に説得力を持たせたいとしたら、こんな説明の仕方ができないかしら。進士さんの説明がAパターンで、私が提案するものがBパターンよ」

全員が、そのメモを覗き込みます(227ページ図)。そこにはAパターンとBパターンの対比が表現されていました。

「進士さん、まずAパターンのほうに注目してほしいの。もちろんだけど裏付けとなる売上データが存在するのが前提ね」

「はい」

「少しだけ意地悪な視点で見てちょうだい。よく考えてみると、その売上データ

は〝カスタードたっぷりシュークリーム〟が半年間で実績ある商品だったということを裏付けるものであって、半年間で実績ある商品がキャンペーンの注力商品に相応しいことの理由にはなっていないんじゃないかしら」

進士は一瞬、恵子が何を言っているのかわかりませんでした。改めて恵子のメモをじっくり読み込みます。

主張と同じ構造の具体例がほかにある

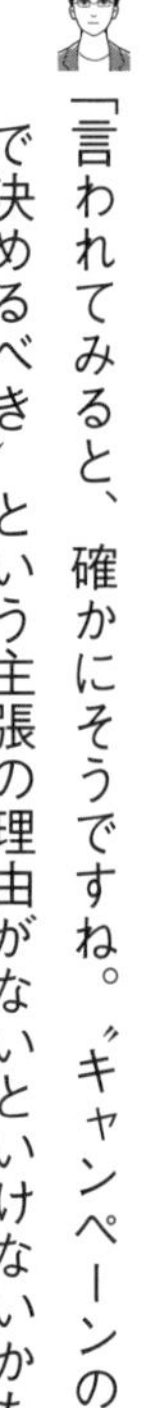

「言われてみると、確かにそうですね。〝キャンペーンの注力商品は半年間の実績で決めるべき〟という主張の理由がないといけないかもしれません」

「なるほど」

「そっか。それを加えたのが、Bパターンなんですね！」

「そうなの。あくまで仮の設定だけど、例えば、昨年に競合他社が同じようなキャンペーンを仕掛けていたとするわ。そのときの注力商品がまさに、それまでの半年間で最も売れ行きがよかった商品をチョイスしていたとしたら。そしてその結果、キャンペーンも成功していたとしたら……」

■ 1つ目の根拠を説明する2つのパターン

Aパターン

主張

キャンペーンの主力商品は
カスタードたっぷりシュークリーム

実績ある商品がキャンペーンの主力商品であるべき。
当社ではそれは"カスタードたっぷりシュークリーム"だから

説明"裏付け"

(実際の数値で示す)この半年で最も高い売上シェアは
"カスタードたっぷりシュークリーム"

Bパターン

主張

キャンペーンの主力商品は
カスタードたっぷりシュークリーム

実績ある商品がキャンペーンの主力商品であるべき。
当社ではそれは"カスタードたっぷりシュークリーム"だから

説明"裏付け"

(実際の数値で示す)この半年で最も高い売上シェアは
"カスタードたっぷりシュークリーム"

例えば

説明"事例"

昨年の競合他社による同じようなキャンペーン。
このときも半年間で最も売れた商品を主力商品にしており、
実際にキャンペーンの反響もよかった

「キャンペーンの注力商品は半年間の実績で決めるべき」という理由をそえる

「キャンペーンの注力商品は半年間の実績で決めるべき、という主張の理由になりますね！」

「進士さんの主張と同じ構造の具体例がほかにある。だから、進士さんの主張はもっともらしい。そう伝わるんじゃないかしら」

進士は、恵子が「構造」という言葉を使ったことが気になりました。先ほど恵子はカルロスとの会話の中で、〝構造化〟という言葉を使っていました。構造化とは、いったい何なのか。少しだけモヤモヤした気持ちになります。

「ビジネスコミュニケーションを私なりに分析してみたところ、このように根拠のところには単なる数値の比較だけではなく、具体例もあったほうがいいケースも、どうやらありそうなのよね」

「だから、最後に〝例えば〟という矢印と〝事例〟という塊があるんですね」

「ええ。さっきも言ったように、納得感のある意見を言う人って、具体例を織り交ぜたり、うまいたとえ話を挟んだりするわ。いったい、どうすればそれが上手になるのかというテーマは、みなさんも興味があるんじゃないかしら？」

「ある。でも、この話と数学にどんな関係があるんだ？　さっき言っていたコウゾウカって何だ？」

「ちょうど俺も、そう思っていたところです」

進士とカルロスは頷き合います。

「具体例やたとえを用意できる人って、物事を構造で捉えることができる人なの。そして、それは数学ととても関係する思考法なのよ」

「う〜ん、どういうことかよくわかりません……」

「恵子、俺たちにもわかるように説明してくれよ」

「ふふ。あのね、**数学とは異なるものを同じものとみなす道具なの**」

唐突なその言葉に、4人は一斉に「？」という反応を示します。恵子はニッコリと笑い、それが数学の本質であること、構造化という概念を表現していること、そしてアンリ・ポアンカレという数学者の言葉とされていることを説明します。

SCENE
3

アンリ・ポアンカレの言葉

一見違うものを同じものと考える

「ちょっとわかりにくいところかもしれないからゆっくり説明するわね。いったん本題から離れるけれど、また戻ってくるので少しお付き合いくださいね」

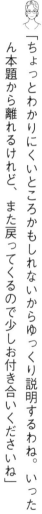

「わかりました。ぜひお願いします」

「数学者ポアンカレは〝**数学とは異なるものを同じものとみなす道具である**〟という言葉を残したと言われているわ。つまり、数学って、一見違うものも同じものと考えることができるという特徴があるの」

恵子は新しい紙を手元に用意し、２つの数式を書き込んでいきます（次ページ図）。

「まずは、この２つの数式を見てくれる？　一見違うものだけれど、実際は同じこ

■ 同じことを意味する2つの数式

$$x + y = 1$$

この2つの数式は同じ構造！

$$100x + 100y = 100$$

とを意味する数式なんだけど……どうかしら？」

「はい、わかります」

「なるほど。つまり、この2つの数式は構造上は同じ、ということがおっしゃりたいのでしょうか？」

「構造？」

「そうなの。構造という言葉はちょっと難しさを感じるかもしれないから、その場合は〝つくり〟と解釈してもいいかもしれないわ」

「〝つくり〟が同じもの……それならピンと来るかも」

「あるいは半径5センチの球体の体積が求められる人は、半径10センチの球体の体積も求めることができるわ。みなさんは、これを当然のことと思うかもしれないけれど、実は揺るぎない明確な理由があるの。わかるかしら？」

恵子の問いに4人は、それぞれが答えを探します。すると、落合が右手を小さく挙げ、発言したいと意思表示をします。

「半径5センチの球体の体積を求めるという問題と、半径10センチの球体の体積を求めるという問題。この2つは一見すると違う問題ですが、しかし〝つくり〟は同じと考えることができるのではないでしょうか」

「落合さん、素晴らしいわ！　それが、〝**数学とは一見違うものを同じものと考えることができるという特徴がある**〟の説明よ。みなさん、どうかしら？」

4人は小さく頷き、それぞれ少し温度の下がった飲み物を静かに啜ります。

同じ〝つくり〟のものを用意する

「実は、私たちが日常で使う具体例やたとえといったものは、主張したいことと必ず同じつくりになっていなければならないの。つまり、具体例やたとえといったものを用意することは、異なるものを同じものとみなす思考法を使うこと。ひとことで言えば、とても数学的な行為なの」

■ 進士の主張を図解すると……

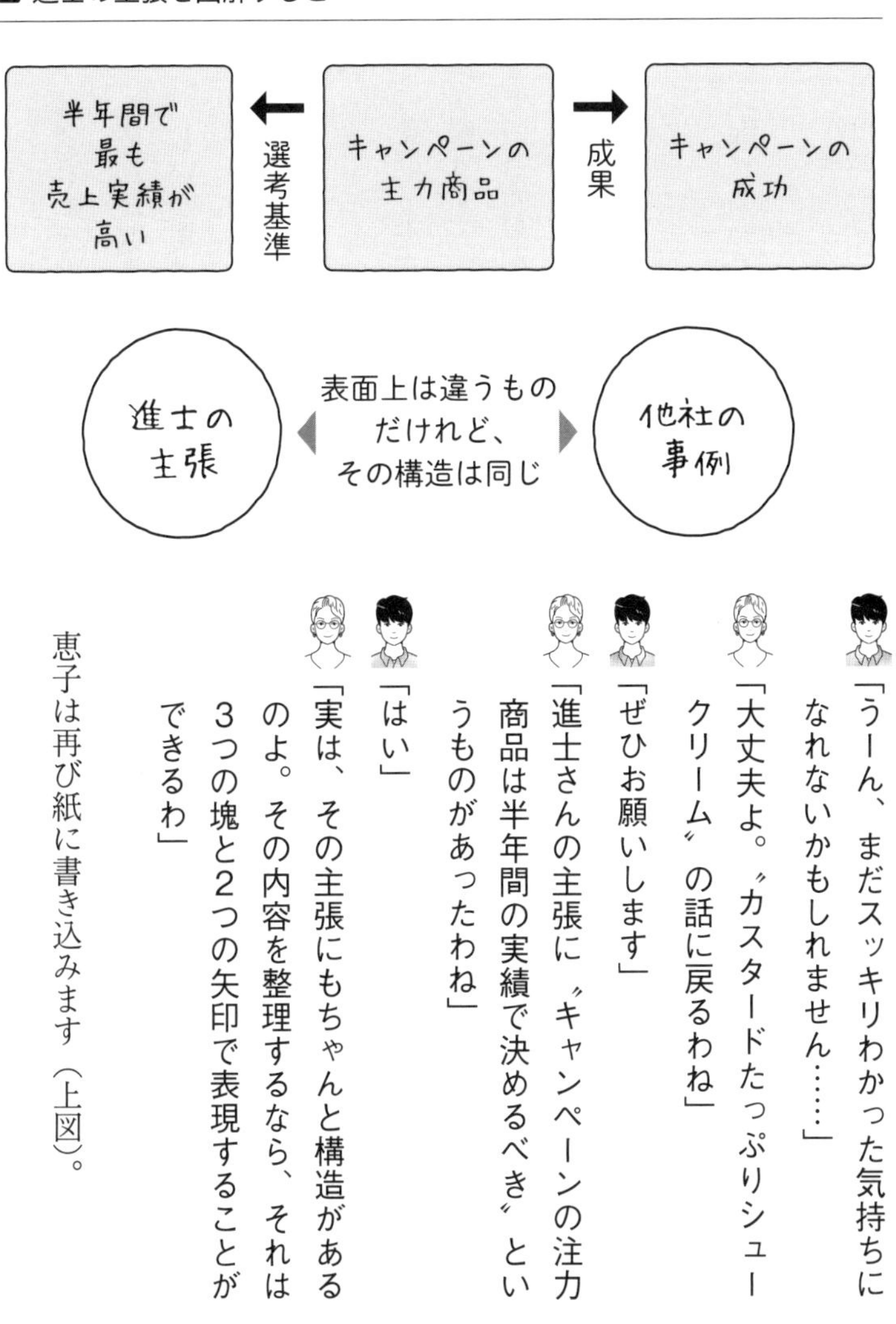

「うーん、まだスッキリわかった気持ちになれないかもしれません……」

「大丈夫よ。〝カスタードたっぷりシュークリーム〟の話に戻るわね」

「ぜひお願いします」

「進士さんの主張に〝キャンペーンの注力商品は半年間の実績で決めるべき〟というものがあったわね」

「はい」

「実は、その主張にもちゃんと構造があるのよ。その内容を整理するなら、それは3つの塊と2つの矢印で表現することができるわ」

恵子は再び紙に書き込みます（上図）。

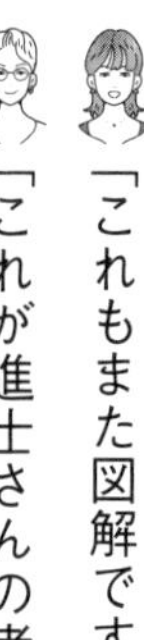

「これもまた図解ですね」

「これが進士さんの考えた理屈を図解した状態ね。でも、この内容がもっともらしいと思ってもらうためには、ほかに何か具体例があったほうがいいわ」

「はい。確か恵子さんが言っていた仮の設定では、競合他社の昨年の実績がまさに、それに当てはまるという……」

その瞬間、進士の脳内に先ほど恵子が言った「異なるものを同じものとみなす」という言葉が蘇ります。まるで数学のように、ビジネスコミュニケーションで使う具体例やたとえもその考え方が用いられる。恵子はそう言いました。

「そっか……俺の考えた理屈と恵子さんの言っていた他社の事例というのは……」

「……」

「同じ〝つくり〟をしているんですね」

恵子はニッコリ笑い、拍手をしてみせます。

「コンビニ＝野球」が成り立つ理由

「構造化」と「エモい」がつながる

「それが具体例と呼ばれるものの正体よ。何か主張があったとき、それと表面上は違うけれど構造的に同じものを用意するの。構造的に同じだと、それがうまくいったのなら、もう一方もうまくいくという説明になるし、それが事実なら、もう一方も事実のように受け止めてもらえる。そういうことじゃないかしら」

「恵子さん、ということは主張したいことと同じ構造をしたものが複数あれば、それは全部事例として使える候補ってことですよね！」

「その中から最も伝える相手の〝ＧＨＰ〟になりそうなものを選択して事例にするって考え方はどうでしょう」

「いいわね。より相手に伝わる具体例ということになるわ」

「なるほど……先ほどの〝エモい〟って話ともつながりますね」

恵子と対話をしていると、このようなつながる感覚を何度か体験することがあります。

進士は、そのことを素直に面白いと感じていました。

「じゃあ進士さん、ちょっと練習してみましょうか」

「えっ、練習ですか？」

「ええ。私が用意した仮の設定では、競合他社の昨年の実績がまさに、それに当てはまるってことだったわ。それ以外に、この構造で説明できる出来事はないかしら？」

「うーん。いざ考えるとなると難しいですね……」

「ねえ、私の考えを言ってもいい？」

「ああ」

「これって、例えば野球にも当てはまるかなって！」

■ キャンペーンの注力商品と野球のピンチヒッター

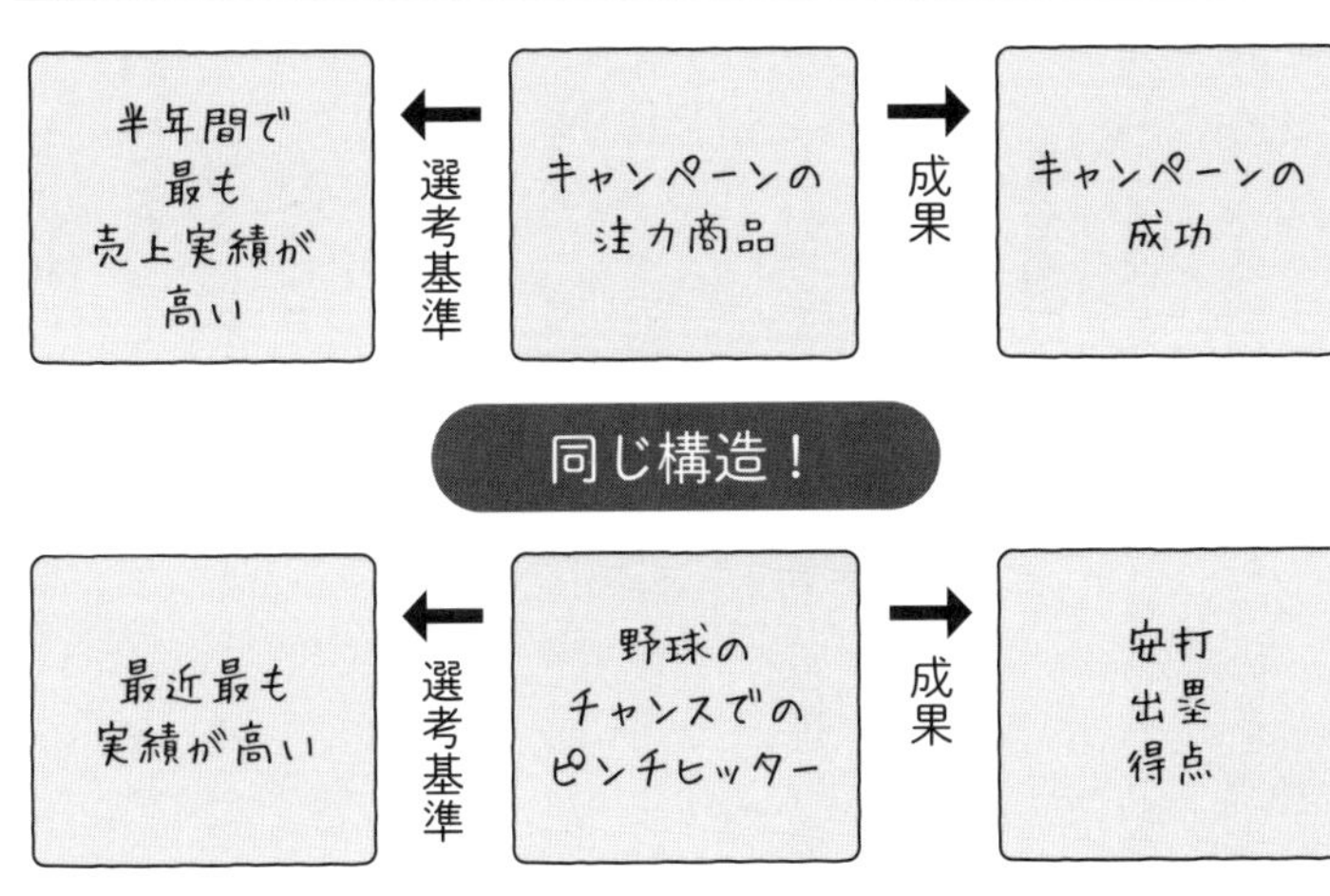

進士が「何を言っているの？」と言わんばかりに驚いた表情を見せます。恵子はその表情を見つつ、クスリと笑いながらメモの準備を始めます。

コンビニと野球は同じである

「マヤさん、どういうことでしょう？」

「野球の試合で重要な勝負どころになると、監督はピンチヒッターを出したりしますよね。私は素人なので、あまりマニアックな考え方はできないけれど、あれって最近の打撃成績がよい選手を選ぶのが自然ですよね。そういう選手を選んだほうがヒットの生まれる可能性も高いんじゃないかなぁ」

「その通りだと思います」

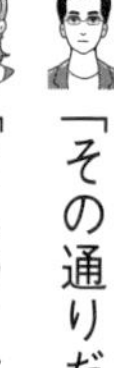
「これって、コンビニのキャンペーンの話に似ていませんか？　キャンペーンはまさに勝負どころだし、そこで選ばれる商品は最近の成績がよいものって基準も同じです」

「なるほど。野球にたとえたわけか」

「たとえた」という進士の言葉にカルロスの心が反応します。うまい事例やたとえが思いつかない。その悩みを解決するヒントは間違いなく、この会話にあるように感じました。

「ということは……少し無理のある設定かもしれませんが、もし進士さんのこの主張を聞く相手が〝野球好きな人〟だとしたら、コンビニ業界の同業他社を事例にすることよりも、マヤさんの考えた事例を伝えたほうがグッと来るかもしれません」

「なるほど。まさに、その人にとっての〝ＧＨＰ〟があります」

「できるだけ相手の好きな言葉で伝えるほうがいいもんね♪」

■ 構造化するとは？

〈異なる数式だけど構造上は同じもの〉

$$x+y=1 \longleftrightarrow 100x+100y=100$$

この2つは同じものとみなす

〈異なるテーマだけど構造上は同じもの〉

コンビニのキャンペーン注力商品を選ぶ

⟷ 野球のピンチヒッターを選ぶ

この2つは同じものとみなす

「あるいはコンビニ業界の同業他社と野球、両方の具体例を使うのもアリかもしれません」

「ちょっとわかってきたぞ。ひょっとすると俺の場合、適切な具体例やたとえを用意したければ、まずはその対象を構造化することが必要だってことだな」

「ご名答よ、カルロス」

「〝コンビニ＝野球〟が成り立つなんて、数学って意外に面白いもんなのかもな」

恵子は大きなうれしさを小さな頷きで表現し、ここまでの話をまとめて紙に表現しました（上図）。

SCENE 5 構造化思考を鍛える

あの歌詞はどのようにして生まれたのか

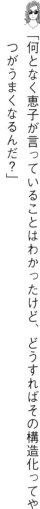

「何となく恵子が言っていることはわかったけど、どうすればその構造化ってやつがうまくなるんだ？」

「やっぱりトレーニングが必要だと思うわ」

「面倒くさいなぁ」

「あら、意外と簡単にトレーニングできるものよ。具体的には何でも図解するクセをつけることね。実はさっきカルロスが披露していた歌詞も、おそらく構造化って考え方で説明がつくわよ」

「何だって？」

「〝10分で止む土砂降りの雨よりも、1日ずっと続く小雨のほうが嫌い〟。素敵な歌

詞だと思うわ。これってうまくいかないことを雨にたとえたのよね？」

「ああ」

「たとえることができたってことは、カルロスは無意識に頭の中で構造化をしたってことなのよ」

「？？」

恵子は再び紙にメモを書き始めます（次ページ図）。徐々に描かれるその図解は、先ほどのそれとまったく同じ姿をしています。

「大事なことだから、みなさんも一緒に見てくださる？　カルロスは〝うまくいかない状態〟をある2つの比較構造で捉えたはずなの。まずは、影響が大きいけれど期間は短い出来事ね」

「もう一方は、逆に影響は小さいけれど期間は長い出来事ですね」

「その2つを比較したとき、前者よりも後者のほうを嫌がる人が多いって解釈したんですね」

■カルロスの歌詞を構造化すると……

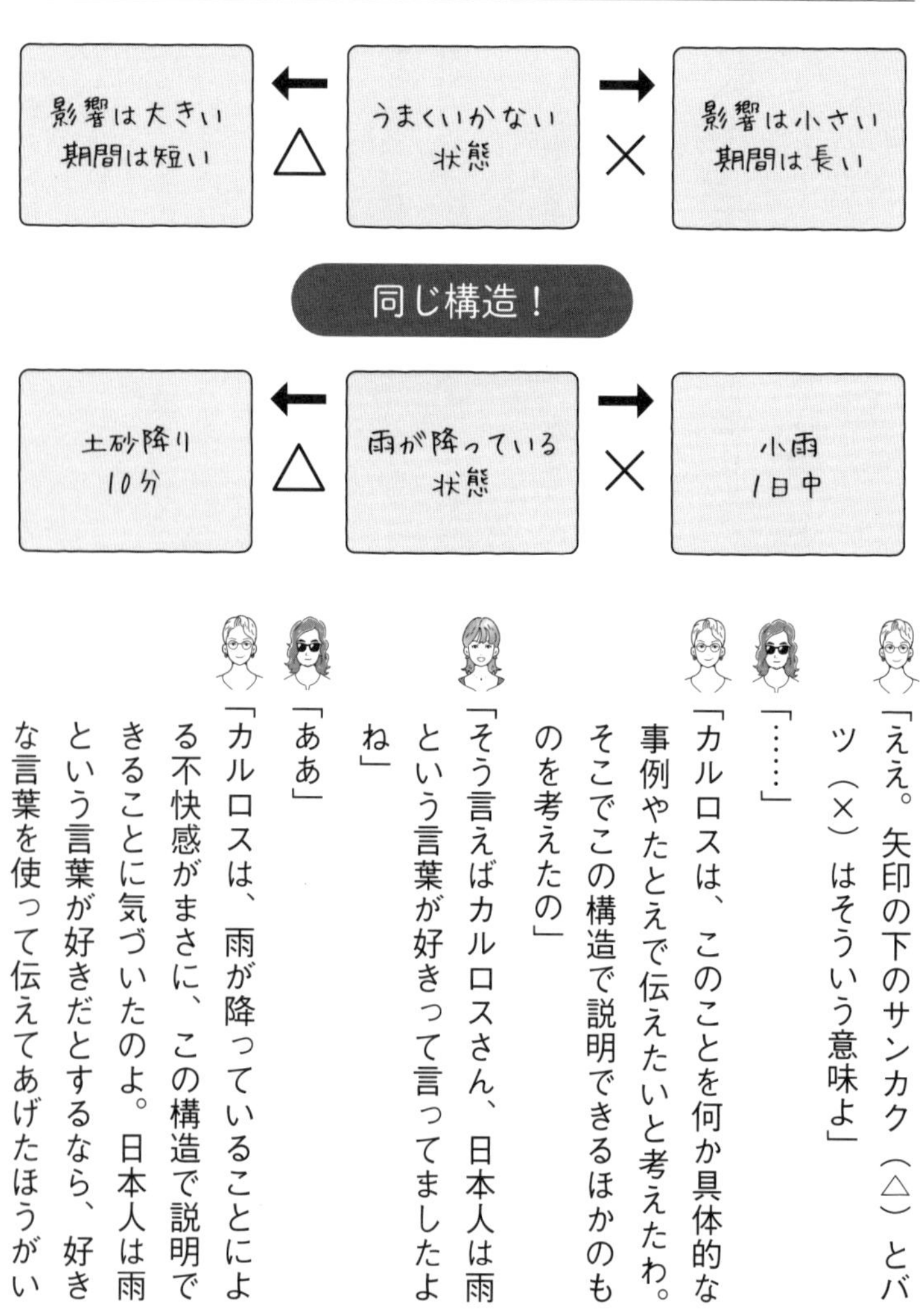

「ええ。矢印の下のサンカク（△）とバツ（×）はそういう意味よ」

「……」

「カルロスは、このことを何か具体的な事例やたとえで伝えたいと考えたわ。そこでこの構造で説明できるほかのものを考えたの」

「そう言えばカルロスさん、日本人は雨という言葉が好きって言ってましたよね」

「ああ」

「カルロスは、雨が降っていることによる不快感がまさに、この構造で説明できることに気づいたのよ。日本人は雨という言葉が好きだとするなら、好きな言葉を使って伝えてあげたほうがいいと思ったんじゃない？　だから雨を例にして、〝小さい影響でもそれが長く続くこと〟の不快感を表現したんじゃないかしら」

４人が一斉にカルロスの表情をうかがいますが、カルロスはすぐには口を開きません。言うことは決まっているけれど、あえてすぐに言わずに間をつくっている。このような独特のテンポは、かつてアーティストをやっていたからこそ、自然にしてしまう演出なのかも知れない。進士は何となく、そう感じていました。

「……やっぱり、ここに来てよかったよ」

「え？」

「いやぁ参ったね。俺が無意識にやっていることを、これだけ論理的に説明できるとは」

「私はカルロスの頭の中は覗けないから、あくまでも仮説にすぎないわ。あなたのような天才タイプなら、絶妙なたとえがいつでも直感的に思いつくのかもしれない」

「……」

「でも、私の立場から言うと、それは何もしないで思いつくものではなく、ある思考の結果として誕生するものじゃないかと思うのよ」

「その思考というのが、構造化というものですね」

「ええ。だから、**構造化という思考法をもっと鍛えれば、カルロスはもっと意図的にエモいたとえがつくれるんじゃないかしら**」

「意図的に！　めちゃくちゃ面白いじゃないか！　ちょっと誰か、俺にお題を1つ出してくれよ」

カルロスは、自らトレーニングを申し出ます。恵子は「せっかくだから」と、その役目にマヤを任命しました。

「駒田恵子」を別のものにたとえる

「え！　私ですか？」

「おう、マヤさんよろしく！」

「そうですね……じゃあ、こんなのはどうですか？　恵子さんを知らない人がい

■「恵子ってどんな人？」を構造化

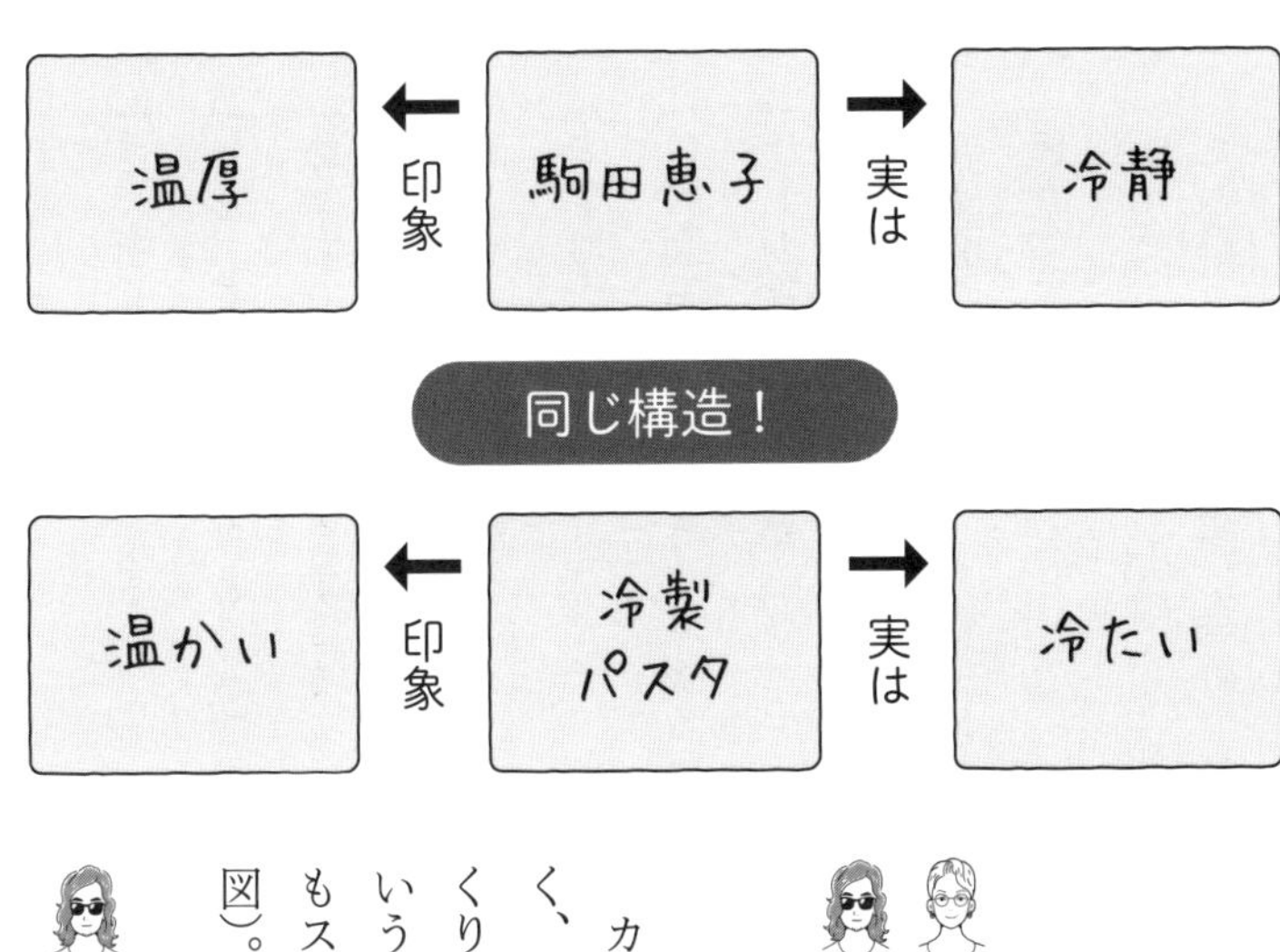

たとして、その人に恵子さんがどんな人か説明しなきゃいけないとしたら、カルロスさんは恵子さんを何にたとえますか？」

「あら、なんだか照れるわね」

「なかなか面白いお題だな。ちょっと考えてみるから、紙とペンを貸してくれ」

カルロスはただ思いつくのを待つのではなく、自ら手を動かすことで意図的にたとえをつくり出そうと試みます。先ほどの恵子のメモというお手本を参考にできるためか、思ったよりもスムーズに図解を書くことができました（上図）。

「我ながら、うまく図解にできたかもし

れないぞ」

「さっそく見せてください」

「まあ、見てくれ。ひとことで言うと、恵子は冷製パスタみたいな人だな」

「めっちゃ興味あります（笑）。どういうことですか？」

「第一印象は明るくて人として温かいばあちゃん。一方で、実際はとてつもなく頭がよくて冷静な人だろ」

「ですね」

「この図解と同じようなギャップがあるものって何か考えたんだ」

「それが冷製パスタなの？」

「ああ。普通、パスタって聞けば温かいものを想像するのが自然だろ。つまり、誰もが温かいものという第一印象を持つ食べ物だ」

「確かに」

「けれど、実は冷たいパスタも世の中にはあるわけだ。誰もが直感的に温かいものだと思う一方、実際に味わってみるといい意味で冷たさがある魅力的なもの」

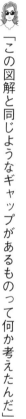

「恵子さんは冷製パスタのような人、というわけですか。さすがカルロスさん、なかなか面白いたとえだと思います」

「私も冷製パスタは好きだし、何だかいい気分だわ（笑）」

「なるほど……構造化することでたとえをつくるって、こういうことか」

「ちょっとだけ感覚を掴めた気がするぜ。じゃあ、次は進士さんの番だな」

カルロスからの突然のフリに進士は戸惑います。

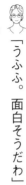

なぜ「思い入れ」があったほうがいいのか

「俺もですか？」

「進士さんもトレーニングしてみなよ。出題は落合さんでどう？」

「私ですか？」

「うふふ。面白そうだわ」

「わかりました。落合さん、何かお題を1つお願いします」

「困りましたね……そう言えば進士さんの上司の方は何か好きなスポーツはあるのでしょうか？」

「どうでしょう……そう言えばサッカー日本代表の試合がある日はよく職場でも、その話をしていました。勝った翌日は機嫌がよかったかもしれません」

「では、こうしましょう。先ほどの〝カスタードたっぷりシュークリーム〟の話に戻ります。進士さんは実演で3番目の根拠として、〝商品に思い入れがあるから〟という説明をされましたよね」

「はい」

「それがさらに説得力のある根拠として伝わるよう、サッカーを使って何か具体例なりたとえを付け加えることはできないでしょうか。私がもし、その上司の立場だとしたら、それを聞いてみたいと思いました」

進士は「なるほど」と頷きます。あくまでも上司目線で考えてくれる落合には、感謝しかありません。

「カルロスさん、紙とペンを貸していただけますか」

「おう」

「恵子さんやカルロスさんのお手本があるので、図解にしやすいですね……できました」

「ぜひ見せてください」

「まず、俺が3つ目の根拠で〝担当者自身がその商品に思い入れがあるから〟としたのは、思い入れがあれば、その仕事への意欲が高まるからです。それは仕事の優先度が上がったり、仕事の細部までこだわったり、ギリギリまで諦めないことにつながるかもしれません。重要なキャンペーンの仕事において、とても大切なことです」

「なるほど」

「これは、例えばサッカーの話に置き換えると、国際試合では日本代表チームに対する思い入れがあり、国を背負って戦うという意識と責任感がある選手を使うことと同じです」

「ほう。どういうことでしょうか？」

「代表チームに思い入れがある選手は、当然ながら代表戦への意欲が高い選手で

す。それは、つまり国際試合で高いパフォーマンスを期待できることを意味します」

「……」

「逆に言うと、担当者の思い入れがない商品をキャンペーンの注力商品に選ぶということは、国を背負って戦うという意識と責任感がない選手を使って国際試合をすることと同じです。どのチームも本気で勝ちに来るその試合で、とても勝てるとは思えません」

「……」

「だから僕は3つ目の根拠として、〝担当者自身がその商品に思い入れがあるから〟としました」

その瞬間、店内にいた全員が「なるほど〜」と声を上げ、進士に向けて拍手をしました。

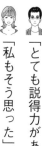

「とても説得力がありました」

「私もそう思った」

■「商品に思い入れがあるから」と同じ構造のサッカーのたとえは？

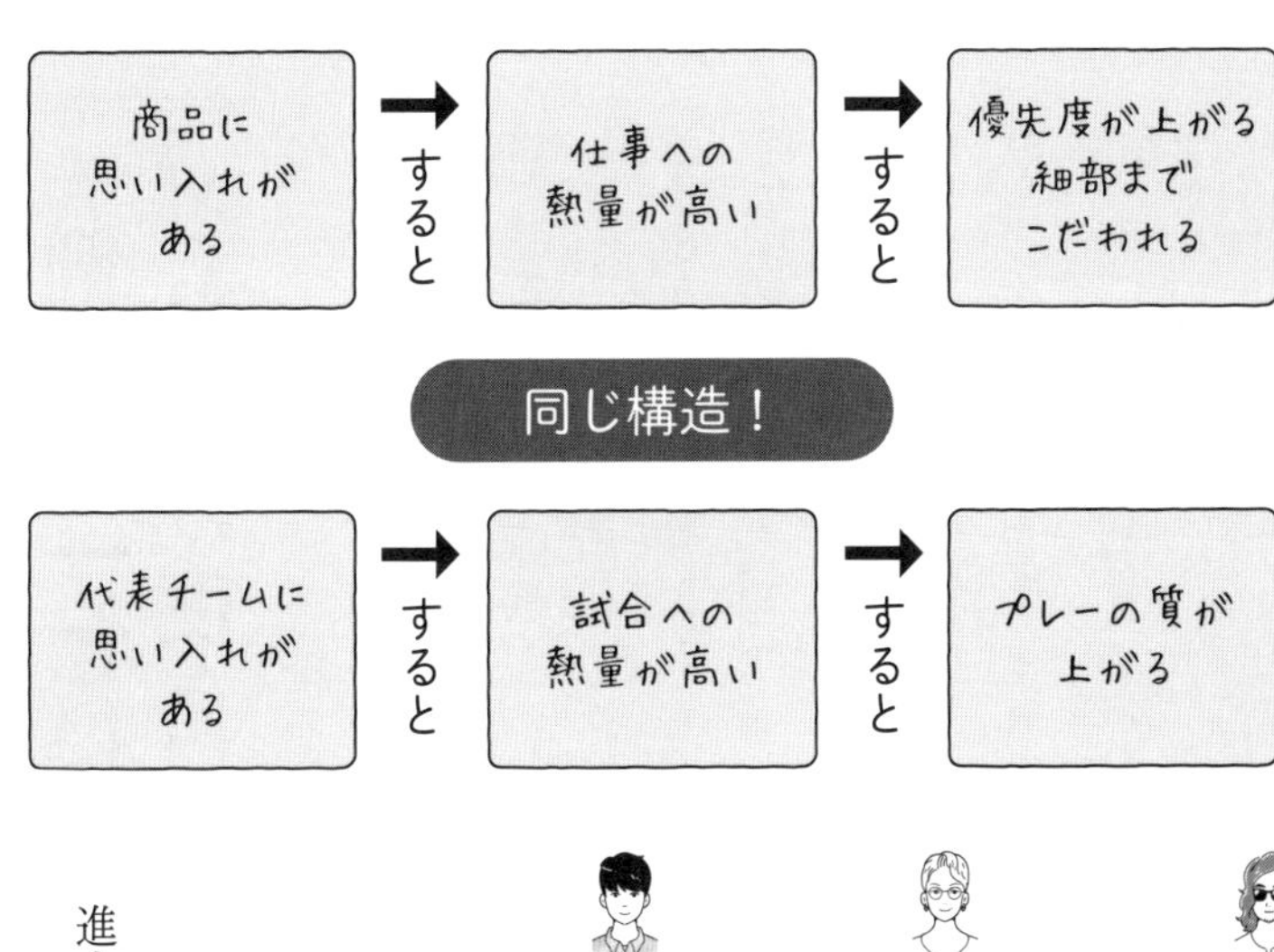

「その上司がサッカー好きな人なら、なおさら、その話はピンと来るかもしれないな。いや、グッと来るのかな。それともハッとするのか。まあいいや」

「進士さん、それがまさにアンリ・ポアンカレが言ったことなのよ。異なるものを同じものとみなす。見事な構造化だったし、とても数学的だったわ」

「俺もカルロスさんと同じように、ちょっとだけ感覚が掴めた気がします。こういう〝うまいたとえ〟みたいなものがあれば、いまのように堂々と自信を持って意見が言える気がしますね」

進士は心地よい感慨に浸っていました。

SCENE 6

「例えば」という言葉をどれだけ使えるか

上達のポイントは口癖

マヤはティーカップの中に残っていた紅茶を飲み干し、恵子に話しかけます。

「恵子さん、少し余談になっちゃうかもしれないですけど、いいですか？」

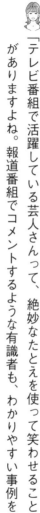

「何かしら？」

「テレビ番組で活躍している芸人さんって、絶妙なたとえを使って笑わせることがありますよね。報道番組でコメントするような有識者も、わかりやすい事例を話してくれたりします。あれも、そういう思考法の結果なんですか？」

「そうね。売れっ子の芸人さんや解説が上手な有識者って、頭がいい人ってイメージがないかしら？」

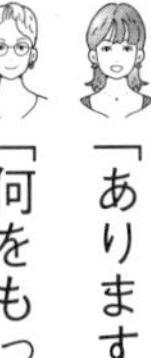

「あります」

「何をもって頭がいいと定義するかはさておき、彼らが構造化という思考法に慣れていることだけは確かね」

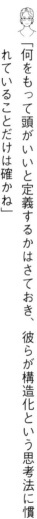

「つまり、彼らも**塊と矢印だけで表現する思考を習慣化している**、ということですね」

恵子が頷きます。進士は改めて、これまで自分やカルロスが書いたメモを眺めます。〝つくり〟を表現した、その図解は確かに3つの塊と2つの矢印だけで表現されています。これだけシンプルな図解なのに、実にいろんな人がいろんな場面で使うものだということを知り、その便利さに驚きます。それと同時に、複雑そうに見える物事をこれだけシンプルに解き明かせる恵子を羨ましくも思いました。

「恵子さんのように構造化がうまくなるために必要なことって、やっぱり普段から図解するトレーニングをするしかありませんか？　もちろん、それが大事だということはわかるんですが、ほかにもコツやヒントがあるなら……と思って」

「そうねぇ……強いて1つ挙げるなら、〝**例えば**〟**という言葉を口癖にする**ことかしら」

「口癖、ですか？」

「ええ。私は学生さんに数学の話をするときにはよく例題を考えるのよ。例題を考えるってことは、まさに〝例えば〟という言葉のあとを考えることよね」

「なるほど」

「一方で、いま私たちがテーマにしている具体例やたとえというものは、この〝例えば〟という言葉のあとに使うものよね」

恵子の書いた図解にもまさに〝例えば〟という矢印のあとに〝事例〟という塊があります。恵子がいま説明していることと図解で表現されていることが見事に一致しています。

「〝例えば〟という言葉をたくさん使おうとする人ほど、ある意味では強制的にさっきのような構造化する思考をすることになるはずなの。なぜなら、そうしないと具体例やたとえを自らつくろうとしないから」

「〝例えば〟という言葉を意識的にたくさん使うようにするんですね！」

「いまのお話、〝強制的に〟という点がポイントだと思いました。こういうことって、気合や根性だけで身につくものではないですから、自然とそうなるような習慣が必要ですよね。実に理にかなった手法です」

「落合さんにそう言われると、私も自分の考えに自信が持てるわ」

「〝例えば〟という言葉の数だけ〝伝わる〟も増えるってことだな」

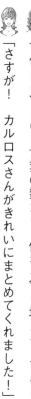

「さすが！　カルロスさんがきれいにまとめてくれました！」

5人の約束

進士は腕時計を見ます。そろそろ、このカフェをあとにする時間になりそうです。

「みなさんのおかげで、私の図解に表現されたすべての要素についてお話しすることができたわ。仮説の検証にもつながって、実に有意義な時間だった。本当にありがとう！」

「こちらこそ、本当に勉強になりました。ありがとうございます」

「進士さんの解決したいことに、少しはお役に立てそうかしら？」

「もちろんです。仕事の場面で意見を求められることがとてもストレスだったんですけど、どうすれば自信を持って自分の意見を言えるか、たくさんのヒントをいただきました。すぐに実践してみます！」

「ふふ。うれしいわ」

進士は窓の外を見ました。気づけば、この店に入ってから2時間を超えています。夏らしい青空は変わりませんが、その窓から差し込む日差しはこの店に入った頃よりも優しいものに変わっていました。

5人とも、別れの時が近づいていることを察します。少しばかりの沈黙。マヤが全員に共通する気持ちを代表して表現します。

「何か、ちょっと名残惜しいですね」

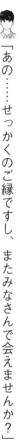

「あの……せっかくのご縁ですし、またみなさんで会えませんか？」

「あら、素敵ね！　例えばだけど、1年後にまたここで集まるのはどうかしら？
私は引き続き、数学者の立場からビジネスコミュニケーションの研究を続けるわ。一方で、みなさんはそれぞれの場所で、いまの話を実践してくださらない？
そして、それぞれの成果を1年後にここでまた語り合う。どうかしら？」

「それ、いいですね！」

「賛成です。実際に現場で実践する動機にもなります」

「いい歌詞が書けたら、すぐにシェアするよ！」

5人は今後も互いに連絡が取り合えるよう、ＳＮＳのアカウントを交換し合いました。

意見の内容よりも大切なこと

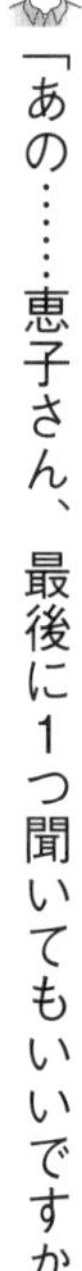

「あの……恵子さん、最後に1つ聞いてもいいですか？」

「あら、何かしら？」

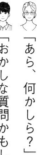

「おかしな質問かもしれませんが、笑わないでくださいね」

「？」

「あの……どうして、恵子さんはそんなに楽しそうなんですか？」

恵子は少し驚いた表情を見せます。進士は、このカフェに来てからずっと感じていたことを素直に伝えました。

初対面で世代の異なる相手にもフレンドリーに接することができる姿に驚いたこと。どんな瞬間も明るく楽しそうな表情でいる姿を見て、これほど感情を素直に表現するメンタリティを少しだけ羨ましく思ったこと。自分はこれまでの人生であまり目立つことをせず、心を許した相手以外には喜怒哀楽はできるだけ表現しないようにしてきたこと。自分と恵子のそんな違いはどこから来るものなのかを知りたいと思ったこと。すべてを正直に伝えました。

「うふふ。初めてされた質問だわ」

「すみません」

「おしゃべりおばあさんの戯言だと思って聞いてね」

「……」

「もし進士さんが学生さんだとして、〝感じの悪い〟数学の先生と〝感じのよい〟数学の先生、どちらの先生に教えてもらいたいと思うかしら？」

「もちろん〝感じのよい〟数学の先生です」

「それは、なぜかしら？」

「え？」

「だって、目的は数学を学ぶことでしょう？　どちらの先生も同じ数学を教えてくれるプロよ。教えてくれる内容もまったく同じ。どちらでもいいじゃない？　でも、進士さんはいま〝もちろん〟って枕詞をつけて即答したわ。それは、なぜかしら？」

進士は答えに窮します。恵子は決して難しい質問をしているわけではありません。しかし、なぜと問われると意外に答えることに難しさを感じました。

「それは……」

「話の内容云々の前に、そもそも〝感じの悪い〟人の話なんて聞きたいとは思わないからじゃないかしら？」

「……そうですね」

「これは長年、大学のゼミで学生さんと接していてわかったことよ。私が講義で説明することは、どれもかつての天才たちが築き上げた立派な理論であり、とても尊いものなの。そして何より、それらはすべて内容として正しいものよ」

「はい」

「尊く正しいことを教えるわけだから、教える人の感じの善し悪しなんて関係ない。そんなものは勉強しない学生の単なる甘え。最初は、そう思っていたわ」

「……」

「でも、経験を積んで、年齢を重ねて、そうじゃないなって気づいたの。内容が尊いとか正しいとか以前に、そもそもその人から教えてもらいたいか、その人の話を聞きたいと思ってもらえているか、その人と対話をする時間が楽しいか、それがとても大事なんだなって」

「……」

「シンプルに言うなら、私が楽しそうにしていると学生も楽しそうにするの。結果、私の話を聞いてくれたり私から学ぼうとしてくれたりする。人間って、そういうものなのよね。だから、私は常に自分が楽しそうであること、いい気分で過ごすことを大切にしてきたわ」

店内に沈黙が訪れます。進士は恵子がわざと何も言わず、この話を味わう時間をつくっているように感じました。

「意見を言える」よりも「意見を聞いてもらえる」が大事

「いま思えば、俺が恵子さんと話を続けたいと思ったり、自分の悩みを素直に打ち明けられたりしたのは、恵子さんの〝感じのよさ〟が理由だったのかもしれません」

「俺がイタリアで恵子と会ったときも同じ感覚だったな」

「その結果、恵子さんの言うように進士さんやカルロスさんは多くの学びを得ることができたわけですね」

「私の両親も同じことをよく言います。楽しそうであること、いい気分で過ごすことは大事だって。そうじゃないと結局は、自分が損をするって」

マヤの言葉に恵子はニッコリと笑い、すぐに視線を進士に向けます。

「進士さん、質問の答えになっているかしら？」

「はい。この話はビジネスコミュニケーションにも、そのまま当てはまるのかもしれません。**人は〝感じのよい人〟の話を聞きたい。**でも職場で意見を求められ

ることから逃げてきた俺は、もしかしたら同僚や上司からは〝感じの悪い人〟になっているかもしれません」

「……」

「自分が意見を言えることと、相手に意見を聞いてもらえることは違う。どれだけ恵子さんに教えてもらったことを身につけたとしても、相手に意見を聞いてもらえなくなったら意味がない。そんな感想を持ちました。いままでと考え方が180度変わった感覚です」

「私も同感です。ビジネスシーンで自分の意見を発するためには、そもそもこの人の意見を聞きたいと相手に思われていないとできません。そういう意味で、恵子さんのおっしゃったことはスキル以前にとても大切なことだと思います」

「これから私たちが恵子さんから学んだことを実践する機会をたくさんつくるためには、そもそも〝感じのよい人〟であることが大事ですね！」

「みんなは大丈夫だと思うよ。この中で一番感じが悪いタイプは俺だし。な、進士さん？」

大きな笑い声が店内に響きます。

「そういう意味でも、恵子さんは俺のお手本です。本当にありがとうございました。少しずつですが、実践してみます！」

「私もたくさんの発見がありました。みなさんには感謝しています」

「たまたま恵子さんのカフェの前を自転車で通ったことは、とてもラッキーでした♪」

「なかなか楽しかったよ。久しぶりに恵子に会いに行こうとした俺の直感は正しかったな！」

「みなさん、ありがとう。1年後の再会を楽しみにしているわね！」

根拠の中に具体例やたとえを入れることで
説得力が増す。上達する唯一の方法は、
構造化する思考法を鍛えること。

COLUMN 5

具体的と抽象的のあいだ

あなたも、これまで誰かに「具体的にどういうこと？」と質問したことがあるのではないでしょうか。また、私の記憶では学生時代のさまざまな授業でも「具体的に述べよ」「具体的に書け」といった問題がたくさんありました。このように、私たちの日常では具体的であることを求められるシーンがたくさんあります。

一方で、学生時代に学んだ数学は極めて抽象的です。単にXとかYとか表記されているだけで、これが具体的に何なのかが示されていませんし、示す必要のない世界で展開される学問なのです。

もし、本章にサブタイトルをつけるとしたら、「具体的と抽象的のあいだ」となるでしょうか。主題である例やたとえというものもまた、できるだけ具体的でなければならないものです。しかし、具体的なものを用意するためには、抽象的な思考がどうしても必要になります。これもまた、学生時代に数学を学ぶ必要があることの理由と言えるでしょう。

アンリ・ポアンカレの言葉は、実に奥深いものなのです。

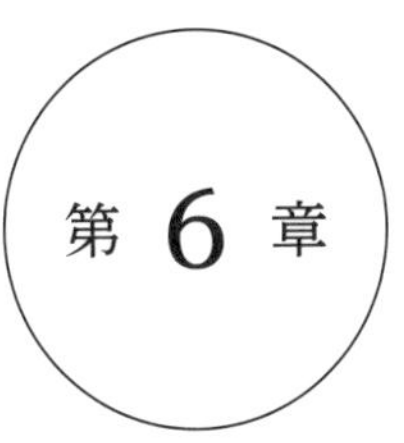

第6章

希望

～実践した人だけに見える景色～

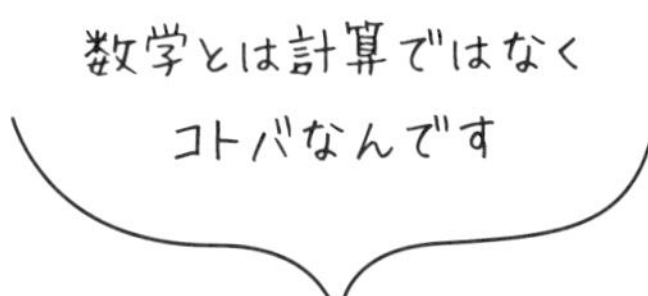

数学とは計算ではなく
コトバなんです

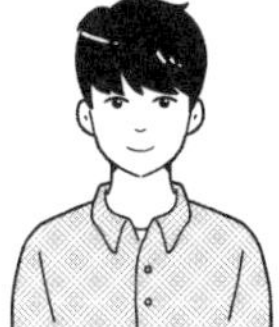

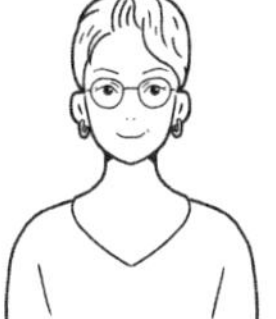

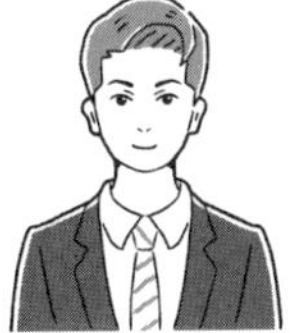

明日、少しだけお時間をもらえませんか？

いざ、実践へ

軽井沢から戻った翌日、進士は自宅のリビングでノートを開きました。この日は終日、リモートワークをする日。集中して作業をするにはちょうどよいタイミングでした。

進士のいる部署では、次に開発する新製品をどんなものにするか、今月中に決定しなくてはなりませんでした。軽井沢に行く前、井上から意見を求められた件もまさに、そのテーマ。進士は改めて、井上との対話を思い出します。

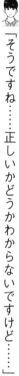

＊　＊　＊

「で、久保の意見は？」

「そうですね……正しいかどうかわからないですけど……」

「いいから言ってみて」

「この商品は、どちらかと言うと、若い女性にウケそうな気がします」

「根拠は？」

「そう聞かれると困ってしまうんですが……」

＊　＊　＊

いまの仕事をしている限り、このような対話から逃げ続けることはできません。次に井上に会ったら、おそらくまた同じことを質問されるはずです。このタイミングを逃したら、このテーマからずっと逃げ続けることになる。そんな気がしていた進士は、再び井上が意見を求めてきたときに、しっかり主張ができるように準備をしたいと思っていました。

井上が意見を求めてきた新製品の候補は〝クレープ〟でした。進士は直感的に「イケそう」と思っていました。しかし、その言葉だけでは、ビジネスコミュニケーションになりません。問題は、それをどう自分の意見としてもっともらしく伝えるかです。

進士は軽井沢で学んだことを思い出しながら、自分が井上に伝えることをノートに図解で表現していきます。図解とは論理を図にしたものであること。それは塊と矢印だけで表現できること。すべての基本は「1―3―2」であること。主張する前に前提の共有が必要なこと。言葉の定義と立場の定義をすること。数値の比較による裏付けを用意すること。それは井上にとってエモい数値であること。エモいとは〝GHP〟であること。さらに説得力を高めるためには事例やたとえを用意すること。そのためには構造化する必要があること……。あのカフェで交わされたさまざまな対話が鮮明に蘇ります。

2時間後、ようやく進士の手が止まります。手元のノートには、まるで恵子が書いたかのような図解。そばにあるノートパソコンの画面には、井上に説明するための簡単な資料が映し出されています。

進士は「ふう」と息を吐き、スマートフォンを取り出します。ただ電話をするだけなのに、とても緊張している自分に気づきます。「やっぱり逃げたい」という気持ちがないと言ったら嘘になります。しかし、その弱気な感情よりも、軽井沢での時間を無駄にしてはいけないという感情が勝りました。

進士は慣れた手つきで井上の番号を画面に表示させ、発信ボタンを押します。

「もしもし」

「井上さん、久保です。お疲れさまです。いま大丈夫ですか？」

「おう、どうした？　今日は終日、リモートだったな」

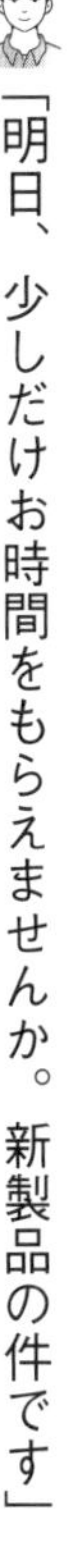

「明日、少しだけお時間をもらえませんか。新製品の件です」

「……わかった。じゃあ、明日な」

井上が電話を切ろうとする気配を感じ、進士は慌てて言葉を続けます。

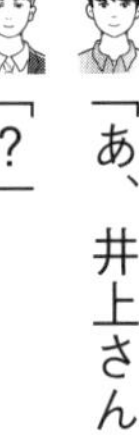

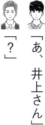

「あ、井上さん」

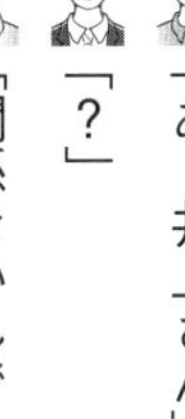

「？」

「関係ないんですけど、井上さんって、サッカーが好きでしたよね？」

「何だ急に。……まあ、学生時代はサッカー部だったし、いまも日本代表戦とかはよく観るかな。それがどうした？」

「いえ……俺も最近、サッカーって面白いなって思っていまして」

進士は電話を切り、改めてノートパソコンに映し出された資料を確認しました。

こうやって「自分の意見」は完成する

進士が2時間でしたこと

その電話の2時間ほど前、進士は恵子から学んだ図解を見ながら、ノートにメモを書き始めました。進士が井上に伝える意見は、「新製品は〝こっくりクリームのクレープ〟がよい」としました。

〈主張〉
新製品は「こっくりクリームのクレープ」がよい

まず考えたのは、井上との前提を揃えるということでした。進士は少し考え、まずは言葉の定義として、「こっくり」という曖昧な表現の解釈を井上と共有することにしました。万が一、この言葉の解釈がズレていると、以降の説明がまったく意味をなさなくなる可能性があるからです。

次にどんな立場でこの意見を言うのかも定義します。今回は、リスクを取らずに堅実な選択をする、つまり進士は「失敗しない戦略で進める」というスタンスで意見を言うことにしました。もちろん、井上はこの考え方とは違うかもしれませんが、それはあくまで前提や考え方が違うだけであり、井上と一致している必要はありません。


〈前提〉
★言葉の定義
「こっくり」とは〝濃厚な〟とか〝重めな〟という意味で使う
★立場の定義
「今回は失敗しない選択をすべき」というスタンスで語る

次に、3つの根拠を用意する必要があります。進士は、これ以上削ぎ落とすことはできないと言える3要素を考えます。結論としては、ターゲット層、売れる理由、合理性の3つとしました。

まずは、メインターゲットである20代女性にウケることを証明し、次にクレープが売れる傾向を客観的な事実で説明します。しかし、それだけでは常に冷静で合理的なタイプである井上の納得を得ることは難しいのではないかという懸念が生まれます。最後にクレープを選ぶ合理性を繰り返し訴えることが必要であり、この3つのどれか1つが欠けても意見として成立しない。進士は、そう考えました。

まずは、ターゲット層に関する情報を根拠1とし、売れる理由については根拠2、最後の合理性については根拠3とします。

根拠1については、大手リサーチ会社であるファクトサーチ社が公開している「働く若い女性のスイーツに関する意識調査」を参照しました。進士は、「20代女性では生クリームが使われたスイーツが支持率40%と最も人気である」というデータに注目します。次点は〝あんこ〟で28%という数値とのこと。この2つの数値を裏付けとして採用することにします。

ちなみに、進士がファクトサーチ社の担当者にヒアリングしたところ、このリサーチ会社の調査データは他業界でトップシェアを誇る有名企業も参考にしており、その結果を踏まえて開発した若い女性向けの商品が見事にヒットした事例があると説明を受けました。これはまさに、進士たちが実現させたいことと構造的に同じであり、この調査データを信頼するための根拠にもなります。そこで進士は、この事実を事例として説明に加えることにしました。

■ 根拠1「ターゲット層に関する情報」

根拠その1

若い女性にウケそうだから（20代女性は生クリームが好き）

★裏付け1

ファクトサーチ社の調査結果によると、
20代女性のスイーツ支持率は次の通り
第1位　生クリームが使われたもの　40%
第2位　あんこが使われたもの　28%

★事例1

ファクトサーチ社の調査データは他業界でトップシェアを誇る有名企業も参考にしており、その結果を踏まえて開発したとされる若い女性向け商品でヒットが生まれた事例あり

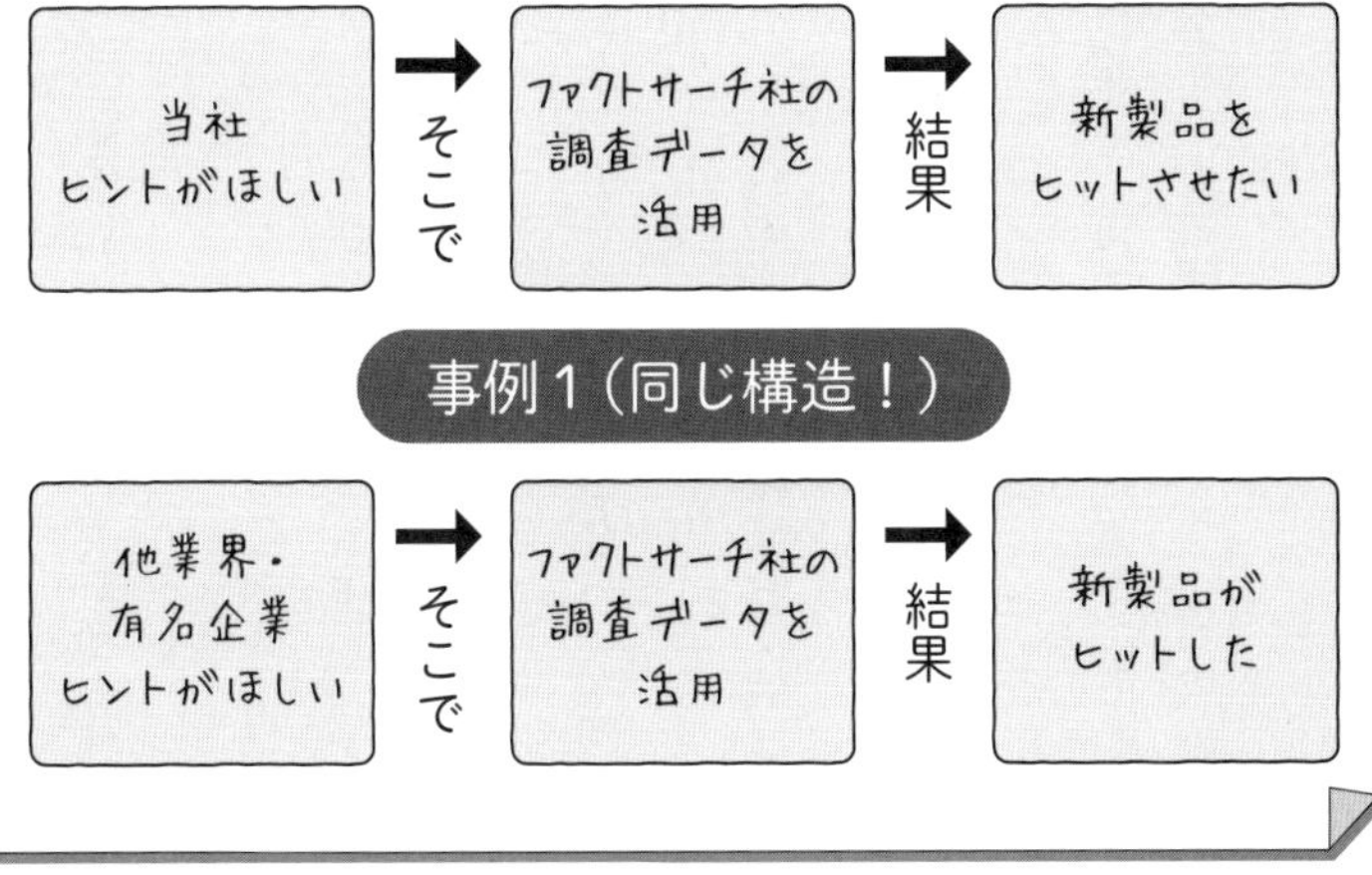

続いて進士は、根拠2、すなわち「クレープが売れる理由」について分析することにしました。そこで注目したのは、同じ洋菓子で生クリームをたっぷり使っているロールケーキでした。

進士は、ある仮説を立てます。ロールケーキはこのコンビニに置かれるスイーツにおいて圧倒的な人気ナンバー1商品ですが、そのロールケーキが店内にないときにクレープが売れる傾向があるのではないかと考えたのです。つまり、クレープを戦略的に売りたいのなら、あえて圧倒的に人気ナンバー1商品のロールケーキを置かない店を一時的にでも増やすことで、販売を増やすことができるのではないか。もしそれが可能なら、今回の新製品でクレープのファンが増えるので、第二弾の新製品として、例えばクリームを2種類にした〝ごっくりWクリームのクレープ〟といったものを企画するのも戦略的ではないかと考えたのです。

進士は、この仮説を検証するために、同期でマーケティング部に所属しているアナリストに電話で頼み込み、調査をしてもらいました。結果は、進士の仮説の通りでした。一部の店舗に限る傾向ではありますが、過去の実績を分析した結果、ロールケーキの取り扱いがない店ほど、クレープの販売数が多いことがわかったのです。

具体的には、ロールケーキがない店については3・7個（1日当たり平均販売数）。ロー

■ 根拠2「売れる理由について」

根拠その2

売れる条件がわかっているから

★裏付け2

過去のデータから、ロールケーキを置いていない店では
売れることがわかった
ロールケーキがない店については3.7個(1日当たり販売数)
ロールケーキがある店については1.9個(1日当たり販売数)

★事例2

和スイーツの人気No.1は白玉あんみつだが、それがない店ほどどら焼きが売れている傾向。しかも最近はどら焼きの売れ行きが急上昇しているらしく、火がついたのはもともと白玉あんみつがなかった店とのこと。今回の新製品で目指す姿と同じ構造の事例あり

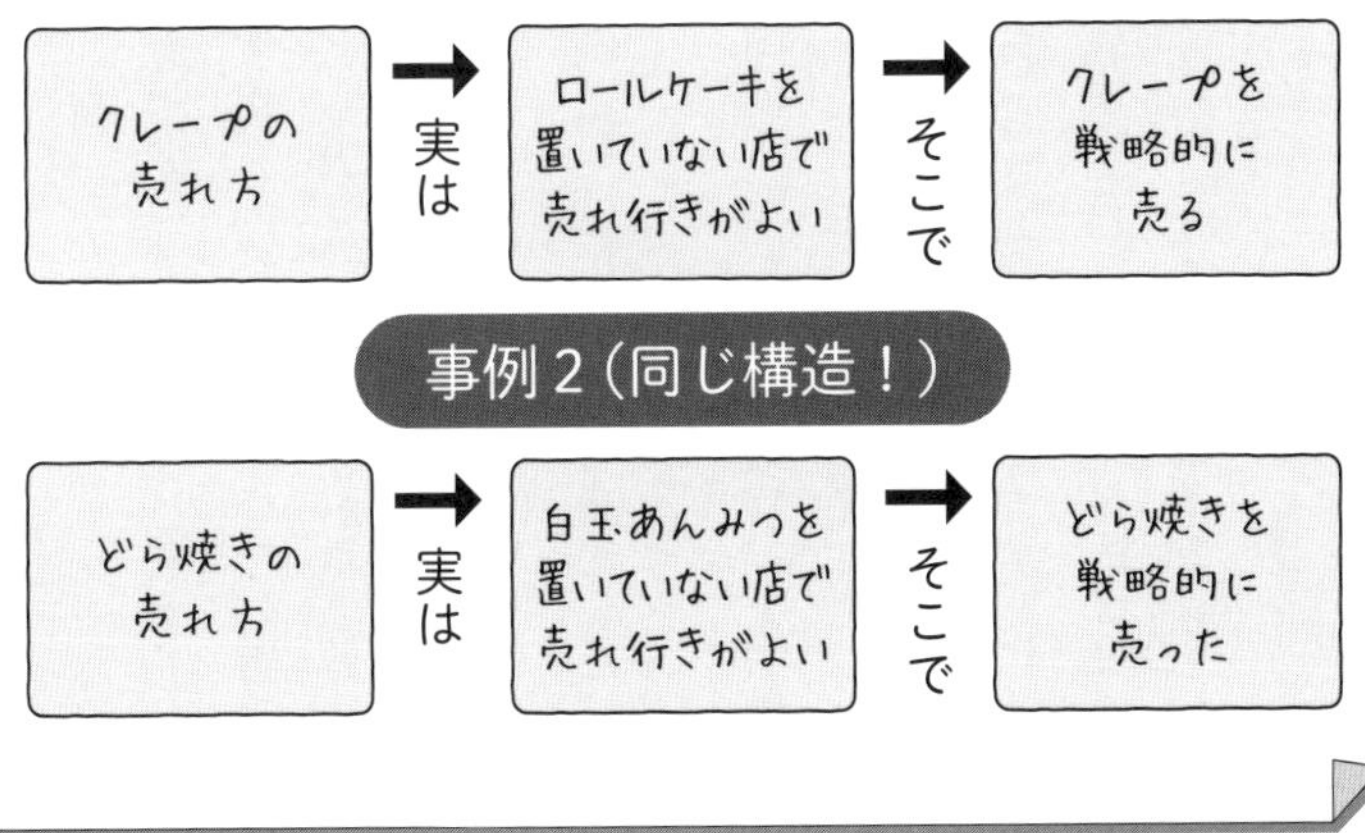

ルケーキがある店については1・9個（1日当たり平均販売数）とのこと。この2つを比較することで、裏付けが用意できそうです。

さらに、この同期のアナリストは、和スイーツでも同様の事例があると教えてくれました。和スイーツの人気ナンバー1は白玉あんみつですが、それが置いていない店ほど、どら焼きが売れていることがわかりました。最近は、どら焼きの売れ行きが急上昇しているらしく、火がついたのは、もともと白玉あんみつを置いていなかった店のようです。今回の新製品で目指す姿と、どら焼きのヒットがとても似ているという発見はとても進士には興味深く、根拠2がもっともらしく伝わるための事例として使えると考えました。

最後に、進士は根拠3も用意します。とにかく今回は手堅い戦略を取り、まず最低限の目標として確実にコストを回収できる企画をするべきだと主張することにしました。

先ほどの根拠1や根拠2で示すデータは確かなものであり、〝ごっくりクリームのクレープ〟がある程度の売れ行きが計算できる製品であることを示しています。しかし、それは裏を返せば、データの裏付けに基づく堅実な意思決定と言えます。失敗はないかもしれませんが、大きな成功も期待できない意思決定かもしれません。常にチャレンジングな仕事を好む井上が、進士の意見に好意的な反応を示さない可能性も大いにありました。

■ 根拠3「合理性について」

根拠その3

今回は手堅い戦略で勝負するべきだから

★裏付け3

前回はチャレンジングな企画を進めた結果、
いわゆる赤字商品になってしまい、経営に影響が出た
前回；マイナス数千万円（大きな損失）
今回；±0（まずはコスト回収）

★事例3

たとえるなら、これはサッカーと同じ。今回の試合は絶対に負けは許されない。まずは失点しないゲームプランで、確実に先制点を取れる試合運びをすることが定石

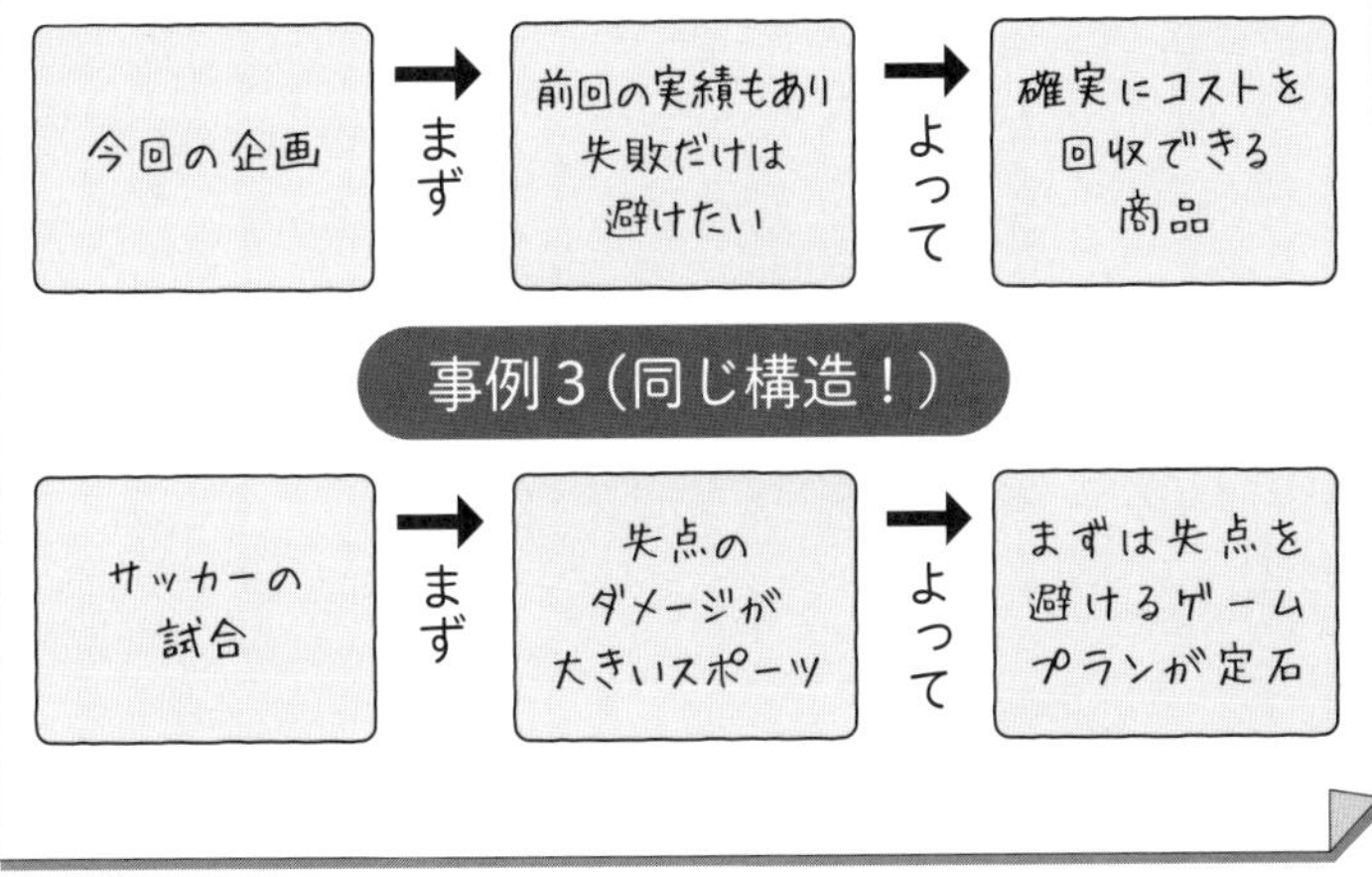
今回の企画
まず
前回の実績もあり失敗だけは避けたい
よって
確実にコストを回収できる商品
事例3（同じ構造！）
サッカーの試合
まず
失点のダメージが大きいスポーツ
よって
まずは失点を避けるゲームプランが定石

実は昨年に進士のチームは新製品を発表しましたが、社内からも「かなりチャレンジングだ」と評され、反対意見もありました。

残念ながら結果は思わしくなく、この新製品単体ではコストを回収できず、いわゆる赤字商品になってしまったのです。およそ数千万円の規模で業績の足を引っ張ることになってしまい、ほかの商品でそれを取り戻すのにとても苦労しました。

そこで、進士は改めて前回の失敗を事例にし、かつ部門をマネジメントする井上にとってエモさを感じる数値、つまりハッとするような数値を混ぜて説明することが有効ではないかと考えたのです。

さらに、進士は井上に聞いてもらえるだけではなく、感覚的にも伝わるようにしたいと考えました。井上はサッカーが好きということなので、この話をどうにかサッカーにたとえて説明できないかと考えたのです。

サッカーは、野球やバスケットボールのように、たくさん得点が入らない競技です。よって、先に失点してしまうと、試合展開がとても苦しくなってしまいます。まずは失点しないゲームプランで、確実に先制点を取れる試合運びをすることが定石です。

それと同じように、今回の新製品に関してはサッカーのように、まずは負けないゲームプランを練ることが大事だと訴えることにしました。昨年は攻めを重視するあまり、大敗しました。今回も同じ失敗をするわけにはいきません。大事な試合で勝つチームは例外なく、まずは負けない試合運びをします。サッカーが好きな井上ならきっと、このメッセージが感覚的にも伝わるはずです。

進士は自分が作成した成果物を改めて眺めてみます（282〜283ページ図）。それは、〝塊〟と〝矢印〟でできています。これがビジネスにおいて「意見を言う」の型であり、それは必ず図解で表現することができる。改めて恵子が教えてくれたことを信じることができました。

そして、進士は完成させた図解をもとに、1人で〝実演〟を始めます。軽井沢のときとは違い、いまは自分の部屋に1人しかいません。恥ずかしさはまったくなく、冒頭から最後までを頭の中で、実際に井上に話す場面を何度もシミュレーションすることができました。

この内容で、井上が納得するかどうかはわかりません。そもそも意見が一致しないことも考えられます。しかし、そんなことは、いまの進士にはどちらでもよいことでした。何よりも大事なのは、まず自分が自信を持って自分の意見を相手に伝えられるかどうか。この内容なら、明日も井上の前で自信を持って話すことができる。

進士は、心からそう思えることができました。

さらに

根拠2

売れる条件がわかっているから

当社マーケティング部
調査結果

ロールケーキがない店　3.7個
（1日当たりのクレープの販売数）

比較

ロールケーキがある店　1.9個
（1日当たりのクレープの販売数）

例えば

事例

和スイーツのジャンルでも同様の傾向がある
どら焼きの売れ行きが伸びたのは、白玉あんみつを置いていない店で強く訴求したことによるもの
クレープを戦略的に売っていくヒントになると考える

さらに

根拠3

今回は手堅い戦略で勝負するべきだから

前回の新製品は事実上の失敗
今回は損益分岐点の達成が最低限

昨年の新製品（実績）
マイナス数千万円の赤字商品

比較

今回の新製品（目標）
±０（損益分岐点の到達）

例えば

たとえ

これはたとえるならサッカーと同じ
もし失点すると、とても苦しい試合展開を強いられる。まずは、失点しないゲームプランを選び、確実に負けない試合運びを

■「進士の意見」をまとめると……

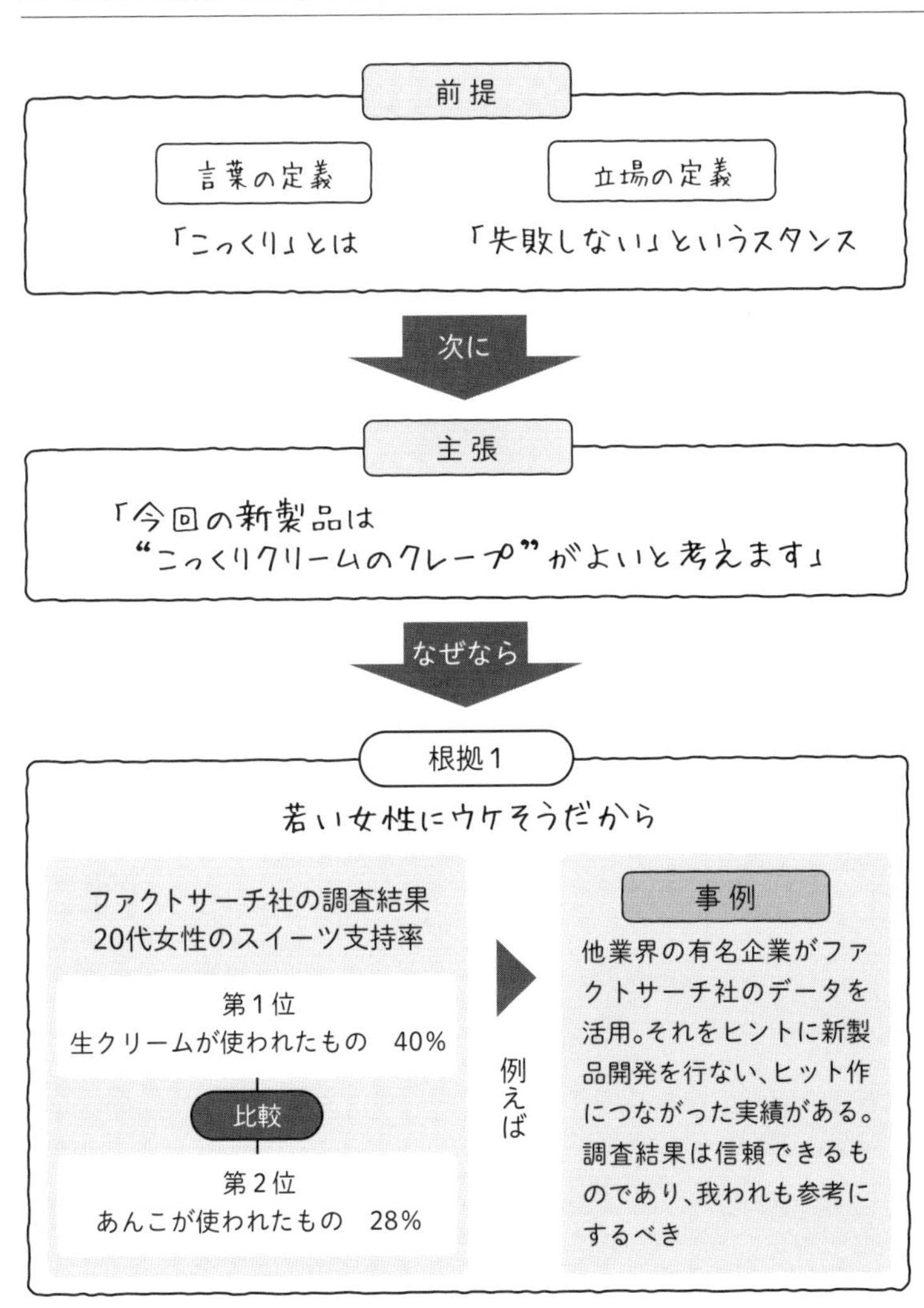

前提
言葉の定義
「こっくり」とは
立場の定義
「失敗しない」というスタンス
次に
主張
「今回の新製品は
“こっくりクリームのクレープ”がよいと考えます」
なぜなら
根拠1
若い女性にウケそうだから
ファクトサーチ社の調査結果
20代女性のスイーツ支持率
第1位
生クリームが使われたもの　40%
比較
第2位
あんこが使われたもの　28%
例えば
事例
他業界の有名企業がファクトサーチ社のデータを活用。それをヒントに新製品開発を行ない、ヒット作につながった実績がある。調査結果は信頼できるものであり、我われも参考にするべき

「根拠は？」と質問してほしい

自信を持って伝える

翌日、オフィスに出社すると、すでに井上はほかのメンバーと立ち話をしていました。席に戻ってきたタイミングで進士から声をかけます。

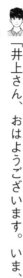

「井上さん、おはようございます。いま、お時間いいですか？」

「おう。昨日の電話の件か？」

「はい、お願いします！」

「……何かいいことでもあったのか？」

「え？」

「いや……何となく、いつもと雰囲気が違うなと思って」

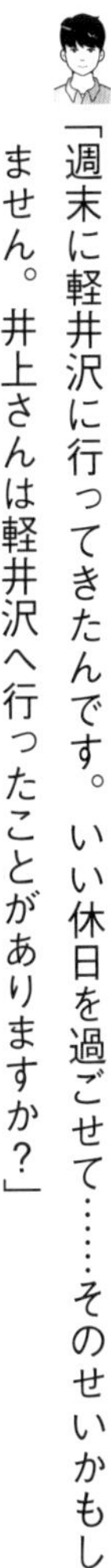

「週末に軽井沢に行ってきたんです。いい休日を過ごせて……そのせいかもしれませんね。井上さんは軽井沢へ行ったことがありますか？」

「いや、実はまだ一度も。今度ぜひその魅力を詳しく聞かせてくれ」

「はい！」

井上は表情を変えず、「で、本題は？」と表情で伝えてきます。

「早速ですが、先週も話題になった新製品の件です。クレープについて、どう思うかと井上さんから意見を求められていました」

「それで？」

進士は井上に紙1枚を手渡します。その紙には、昨日まとめた内容のポイントだけを整理したものが書かれています。井上は黙って、その紙を眺めています。

「まずは、前提の確認をさせてください。このあと〝こっくり〟という表現を使うのですが、それは〝濃厚な〟とか〝重めな〟という意味で使います。人によって

受け取るニュアンスが異なる可能性がある表現なので、念のため」

「……」

「それから今回、リスクを取らずに堅実な選択をする、つまり、失敗しない戦略で進めるべきというスタンスで意見を言います。一般的に意見というものは前提やスタンスによって変わるものだと思いますので、こちらも念のため、先にお伝えしておきます」

「……わかった。続けて」

「結論から言うと、今回の新製品は〝ごっくりクリームのクレープ〟がよいと思います」

その瞬間、進士にある感情が芽生えました。井上に「根拠は？」と尋ねてほしいという感情です。これまでの進士であれば、その質問がとても苦痛であり、いちいち根拠を求めてくるような相手を疎ましく思っていました。そんな自分が「早く根拠を尋ねてほしい」と思っていることに、進士は自分自身で驚いていました。

「根拠は？」

型を知らずに準備をしていない人は、この質問を疎ましく思うかもしれない。しかし、逆に正しい型を使って準備をした人は、本能でその質問を期待してしまう。ずっと悩んでいたことの答えは、そんなシンプルなものなのかもしれない。進士はそんなことを考えながら、用意した根拠を〝実演〟の通りに井上へ伝えます。

・・・・・・・・・

・・・・・・・・・

・・・・・・・・・

進士の説明が終わると、井上は持っている紙をそのまま進士に返します。その表情はいつもと変わらず、また先日のような厳しい言葉が返ってくる予感もしました。

「うまいこと言うじゃないか」

「〝こっくり〟という言葉の認識は、久保と同じだから問題ない。ただし、スタンスについては、俺と久保では違う」

「……」

「確かに、前回の新製品は失敗と評価せざるを得ない。私にも責任がある。でも、だからと言って、大胆なチャレンジや斬新なアイデアを放棄して、堅実なものに飛びつくのは個人的に好きではない。ただ……」

「?」

「久保があくまで、そういう立場でする意見という前提なら、言っていることは理解できる。俺も久保と同じくらいの年齢と立場なら、同じような考えを持つかもしれない」

進士は恵子が教えてくれた〝いったん認めることができる意見〟という考え方を思い出しました。いま、井上の言っていることは、まさにそのことであり、実際に井上は進士の意見を否定していません。

「しっかりデータで裏付けを用意したことはよかったし、何より事例も交えてくれたので、いまのところ理解できないことや疑問点はない」

「はい」

「久保の考えは理解した。どうもありがとう」

「あの、1つ補足なんですが」

「何だ？」

「冒頭でリスクを取らずに堅実な選択をするべきと申し上げましたが、新製品を〝こっくりクリームのクレープ〟にするのは決して大ヒットや収益増を諦めているわけではありません」

「？」

「前回の失敗もありますから、今回はまず確実に損益分岐点を死守できる新製品で勝負してはどうかと思います。でも、損益分岐点に達したらそれで終わりではなく、そこから次の勝負を仕掛けるのはどうでしょうか」

「次の勝負？」

「はい。あくまで例えばですが、〝こっくりクリームのクレープ〟は1種類のクリームで勝負しますが、次の段階として2種類のクリームを重ねた〝こっくりWクリームのクレープ〟を開発して売り出すんです」

「……」

「第一弾の〝こっくりクリーム〟である程度の認知とファンを獲得すれば、第二弾の〝こっくりWクリーム〟はある程度の需要が見込めます。さらにWクリームということなので、プレミアムな商品として打ち出すことができます。単価も第一弾より強気に設定できるのではないでしょうか。もちろん、個人的なイメージですから他部署を巻き込んでの議論が必要ですし、細かく詰めなければならないポイントもたくさんあるとは思いますが……」

「……」

井上は、じっと進士の目を見ています。そのあまりに鋭い視線に、進士はまるで心の中を見透かされているような感覚になります。

「サッカーに置き換えると、確かにそうだよな」

「え？」

「まずは、リスクを取らず失点を避け、確実に先制点を取る。そうすれば、試合を優位に進められる。ある種の余裕も生まれ、そこから大胆な采配や選手交代もできる。うまくハマれば、大量得点差で勝利することも可能。サッカーとは、そういう競技だ」

「……」

「損益分岐点に達したらそれで終わりではなくそこから次の勝負を仕掛ける、というのは、そういうことだよな？」

「あ、はい！」

「確かに、その通りかもな。うまいこと言うじゃないか」

井上がニッコリと笑いました。いままで見たことのない表情。進士は思わず呆気に取られてしまいました。

「いまの内容、資料にまとめて来週の部内会議で説明してくれ」

「え？」

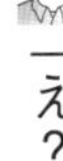
「基本的に、俺の意見と久保の意見は違う。でも、違う人間だから意見が異なること自体は問題ではない。それに久保の提案にも一考の余地がある」

「本当ですか？」

「加えて、できればコンビニスイーツ業界でその二段階構成でマーケティングした事例が過去にないか、あればその結果はどうだったか、リサーチしてほしい」

「わかりました！」

「貴重な意見、ありがとう」

井上は「じゃあ、よろしく」と言いながら、別の会議に向かおうとします。進士はその背中に向かって「井上さん」と呼び止めます。

もう逃げない

「生まれて初めてでした」

「？」

「誰かに〝根拠は？〟って尋ねてほしいと思ったの、生まれて初めてでした。これまで俺はそういうコミュニケーションがとても億劫で。自分の考えや思っていることはあっても、それにいちいち根拠を求められるのが、どうしても面倒に思えて。だから、ずっと逃げていたんだと思います。だから仕事も本当の意味で楽しめないというか、どこかで自分をごまかしながらやってきたというか……」

井上は何も言わず、進士の次の言葉を待っています。

「先日おっしゃったこと、いままで井上さんに言われたことの中で一番刺さりました」

「？」

「〝人は誰しも自分の考えが伝わらないのは悲しい。でも、もしかしたら相手もそれを理解したいと思っているかもしれない。何が言いたいのか、何をどう思っているのか、知りたいと思っているかもしれない〟」

「……」

「〝伝えられない苦しさがあるように、理解してあげられない切なさもあることを忘れないでくれ〟ってやつです。何ていうか……逃げるなって言われているような気がしました」

「……」

「あの、うまく言えないんですけど……いろいろ頑張ってみます」

「何だそれ」

「ですよね（苦笑）」

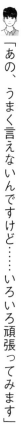

「……軽井沢、いい休日だったんだな」

井上は踵を返し、会議に向かって行きました。

1年後の再会

5人のその後

それから1年後。〝こっくりクリームのクレープ〟は実際に商品化され、期待通りの売れ行きを見せました。会社の経営陣はその状況を踏まえ、〝こっくりWクリームのクレープ〟の開発について本格的な検討に入りました。

そのことが自信になったのか、進士は社内で自分から積極的に発言するようになりました。以前はどこか自信なさげで、意見交換を億劫に感じていることが周囲にも伝わってしまい、どこか不機嫌な印象を持たれていました。しかし、いまは表情も明るくなり、同僚から意見を求められることが増えました。

もちろん、進士の意見が常に正しいわけではなく、その通りに進まない仕事もたくさんありました。けれども、自分の意見をしっかり伝えられるようになった進士は、自分の考えを職場の仲間やビジネスパートナーに理解してもらえることの喜びを少しずつ知るようになりました。その内容が正しいかどうか、実際に同意してもらえるか、仕事に反映されるかはあまり重要ではありません。まずは「あなたの考えはわかった」と受け入れてもらえること。それがとてもうれしいことだと実感していました。

あの軽井沢での出会いをきっかけに、進士たち5人はメッセージアプリでグループをつくり、いまでも近況を報告し合っています。特に、進士の変化は文字だけでも十分に伝わったようで、マヤをはじめメンバーたちはとても喜んでくれました。

そのマヤにも変化が起こっていました。単にデータを並べて説明するだけの機械的な仕事から、相手のエモい数値を資料に入れて説明するように変えてみたのです。それまでは退屈そうに説明を聞いていることが多かった上司が、明らかに自分ごとにして聞いてくれるようになりました。

落合は部下に意見を求める際の考え方を変えました。〝自分が一番正しい意見を持っている〟という思い込みを捨て、部下の意見をいったん認めるスタンスに変えてみたのです。

すると、部下が話しかけてくる機会が増え、自然と意見交換ができるようになりました。

カルロスは自作の歌詞をたまにメッセージで投稿し、メンバーたちに感想を求めてきます。どうやら自主的に構造化のトレーニングをしているようで、いろんなバリエーションのたとえが自然に考えられるようになってきたようです。

恵子はあの軽井沢での対話をベースに研究結果をまとめ、その内容をビジネス書という形で出版することになりました。「ビジネスコミュニケーションの数学的アプローチによる研究」というユニークな試みが大手出版社の目に留まり、多くのビジネスパーソンに役立つ書籍にして広める企画として進んだのです。

そして、その書籍が発売されることのお祝いも兼ねて、5人は再び夏の軽井沢に集い、近況報告をすることになりました。

再会の1週間前、進士の自宅には完成した本が届いていました。進士が包みを開けると、1冊の書籍と恵子からの手紙が同封されていました。見覚えのある美しい文字。一瞬にして1年前の夏の記憶が蘇ります。

久保進士様

ご活躍の様子、いつもうれしく思っています。マヤさんとは仲よくしていますか。

70歳にもなると、何かを遺したいと思うようになります。これまでの人生で学んだものや得たものを、伝えるべき人にしっかり伝える。それが知的生産という仕事を選んだ人間の務めではないかと思います。

この本は、進士さんをはじめ、みなさんとの共同制作により完成した1冊です。改めて、あの日の出会いに感謝しています。人間同士が思っていることを言葉にし、交わし合ったからこそ良質なものは生まれる。これは普遍の真理でしょう。

1年前、確か進士さんは「思っていることや言いたいことをちゃんとした意見という状態にすることが苦手」とおっしゃいましたよね。そんな進士さんに私は「数学とは説明である」と伝えました。そうです。数学とは計算ではなくコトバなんです。そしてコトバとは、自分の思いをカタチにできるものです。

これからは機械がまるで人間のように話したり、答えらしきものを教えてくれる時代になります。人は人と話さなくても、通い合わなくても、生きていけるのかもしれません。対人関係の煩わしさを考えれば、むしろそちらのほうが快適なのかもしれませんね。

でも、やはり誰かと通い合うことができない人生は少しばかり寂しいように思うのは、私がおしゃべり好きのおばあさんだからでしょうか。

「具体」の反対は「抽象」です。数学という極めて抽象的な学問は、常に具体的なものを好む人間という生き物にはとても相性が悪いものかもしれません。一方で、きっと人間に何か大切なことを教えてくれる学問でもあると私は信じています。そのほんの一端でも届けるべき人に届けることができたら、遺すことができたらと思い、この書籍を上梓しました。

筆を進めるたび、あの夏の進士さんとの対話を思い出します。これもまた、〝エモい〟ということなのかもしれませんね。

お忙しい日々かと思いますが、目を通していただけたら、うれしいです。再会を楽しみに、軽井沢の〝café geometry〟で待っています。

駒田恵子

進士は同封されていた書籍に目を移します。そのタイトルは、当時の進士が思っていたことを実に見事に表現していました。

『思いつきって、どうしたら「自分の考え」になるの？』

Message
「根拠を求められるのが怖い」から「根拠を
聞いてもらいたい」へ。実践した人だけが
見える景色を、ぜひあなたも見てください。
Practice
Grounds

深沢真太郎（ふかさわ　しんたろう）
ビジネス数学教育家。数字に強いロジカルパーソンを育成する「ビジネス数学教育」を提唱する人材育成の専門家。明治大学客員研究員。日本大学大学院総合基礎科学研究科修了。理学修士（数学）。初のビジネス数学検定1級AAA認定者であり、日本数学検定協会が認定する国内唯一のビジネス数学エグゼクティブインストラクター。ソフトバンク・京セラ・三菱UFJなど大手企業をはじめプロ野球球団・トップアスリート・学校教員などに研修提供する傍ら、「ビジネス数学インストラクター制度」を設立し講師育成にも従事。著作は『数学女子智香が教える 仕事で数字を使うって、こういうことです。』『そもそも「論理的に考える」って何から始めればいいの?』（以上、日本実業出版社）などがあり、ビジネス書や小説など述べ30冊以上を数える。
BMコンサルティング株式会社代表取締役。一般社団法人日本ビジネス数学協会代表理事。

本書の感想をぜひお願いします。
励みになるものについてはお返事を差し上げます。
info@bm-consulting.jp

思いつきって、どうしたら「自分の考え」になるの？

2023年 10月 1 日　初版発行

著　者　深沢真太郎

発行者　杉本淳一

発行所　株式会社日本実業出版社　東京都新宿区市谷本村町3-29 〒162-0845
編集部　☎03-3268-5651
営業部　☎03-3268-5161　振　替　00170-1-25349
https://www.njg.co.jp/

印刷／壮 光 舎　　製 本／若林製本

ISBN 978-4-534-06043-3　Printed in JAPAN

日本実業出版社の本

下記の価格は消費税(10%)を含む金額です。

本当に大切なことに集中するための
頭の“よはく”のつくり方

鈴木進介　著
定価 1540 円(税込)

思考の整理家である著者が、つい考えすぎてしまう人が自分らしく行動できるようになる、頭の“よはく”のつくり方を解説。自分らしく考え、決断し、行動できる！

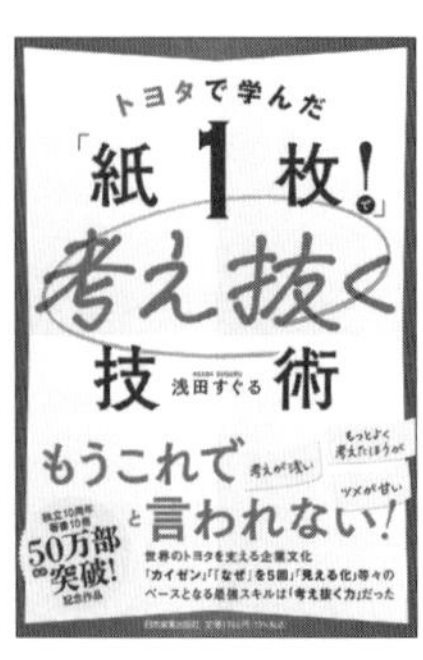

トヨタで学んだ
「紙1枚!」で考え抜く技術

浅田すぐる　著
定価 1760 円(税込)

世界のトヨタの企業文化「カイゼン」「なぜを５回繰り返す」「見える化」はすべて“考え抜く”ためにあった。著者がトヨタで学んだ最強のスキル「考え抜く」を解説。

なぜミーティングで決めたことが
実行できないのか

矢本 治　著
定価 1650 円(税込)

社内で決まった事案を計画倒れに終わらせず確実に実行し、成果をしっかり出すミーティング術を解説。リアル＆リモート、どちらのミーティングにも役立ちます。

定価変更の場合はご了承ください。